John Dewey zur Einführung

Martin Suhr

John Dewey zur Einführung

Junius Verlag GmbH
Stresemannstraße 375
22761 Hamburg
www.junius-verlag.de

Umschlaggestaltung: Florian Zietz
Titelbild: Archiv für Kunst und Geschichte, Berlin
Satz: Junius Verlag GmbH
Printed in the EU 2016
ISBN 978-3-88506-396-4

Bibliografische Information der Deutschen Nationalbibliothek
Die Deutsche Nationalbibliothek verzeichnet diese Publikation in der Deutschen Nationalbibliografie; detaillierte bibliografische Daten sind im Internet über http://dnb.d-nb.de abrufbar.

Inhalt

Vierter Teil: Die Kritik an Dewey

Anhang

Erster Teil

Einleitung

In den USA steht John Dewey gegenwärtig – nach einer Phase relativer Vergessenheit – wieder im Mittelpunkt des philosophischen Interesses. Das erklärt sich teils mit dem schwindenden Einfluss europäischer Emigranten wie Carnap, Reichenbach u.v.a., teils mit der vorzüglichen Gesamtausgabe seiner Schriften (seit 1969), vor allem aber mit der Einschätzung von Richard Rorty, Dewey sei neben Wittgenstein und Heidegger einer der drei bedeutendsten Philosophen des 20. Jahrhunderts. Seine Rezeption in Deutschland leidet hingegen immer noch unter gewissen Hemmnissen verschiedenster Art. Zunächst waren lange Zeit über nur seine pädagogischen Schriften, vor allem *Demokratie und Erziehung* bekannt, die nach dem Zweiten Weltkrieg der »re-education« dienten. Und wie Dewey schon von seinen eigenen Landsleuten wusste: Pädagogische Bücher werden von professionellen Philosophen in der Regel nicht recht ernst genommen, obwohl sie doch seit Platons *Staat* und Rousseaus *Émile* leuchtende Beispiele für Philosophie abgegeben haben. Erst in den letzten Jahren erschienen seine wichtigsten philosophischen Schriften in deutscher Übersetzung.

Es gibt aber auch weitere Gründe für die relative Unbekanntheit. Zunächst weckt die Bezeichnung Deweys als Vertreter des »amerikanischen Pragmatismus« gänzlich falsche Assoziationen. Seine Philosophie ist weder in irgendeinem Sinne spezifisch amerikanisch, noch hat der Begriff Pragmatismus im Zusammenhang mit seiner Theorie irgendetwas mit der umgangssprachlichen Bedeutung von »Pragmatismus« zu tun. Sie ist nicht amerikanisch, weil es zu dem Zeitpunkt, als Dewey zu schreiben anfing, gar keine spezifisch amerikanische Tradition in der Philosophie gab; die amerikanischen Philosophen standen vollständig unter europäischem Einfluss, Peirce beispielsweise unter dem von Kant, Dewey, wie er selbst sagt, unter dem von Platon und Hegel, William James unter dem des englischen Empirismus usf. Auf die Versuche Bertrand Russells, im amerikanischen Pragmatismus spezifische Einflüsse des amerikanischen Kommerzialismus auszumachen, antwortete Dewey:

»Als er [sc. Russell] im Jahre 1922 sagte, er finde ›die Liebe zur Wahrheit in Amerika durch den Handelsgeist verdunkelt, dessen philosophischer Ausdruck der Pragmatismus‹ sei, machte ich die Bemerkung, diese Aussage schiene mir zu ›jener Art von Interpretation zu gehören, die den englischen Neo-Realismus zu einer Widerspiegelung der snobistischen Aristokratie der Engländer und die Tendenz des französischen Denkens zum Dualismus zum Ausdruck einer angeblichen gallischen Disposition, sich außer der Ehefrau noch eine Geliebte zu halten, erklären würde‹. Und ich glaube immer noch, dass Russells eingefleischte Gewohnheit, die pragmatische Erkenntnistheorie mit unerfreulichen Aspekten des amerikanischen Industrialismus statt mit der experimentellen Methode der Erkenntnisgewinnung zu verknüpfen, weitgehend so ist, als wenn ich seine Philosophie mit den Interessen des Landadels in England statt mit seinem überwiegenden Interesse an Mathematik verbände.«[1]

Was den Begriff Pragmatismus selbst anbelangt, so hat er im Deutschen die Bedeutung der Prinzipienlosigkeit oder im besten Fall die der Kompromissbereitschaft – was nur sehr wenig mit einer philosophischen Einstellung zu tun hat. Dagegen bedeutet der Ausdruck im Rahmen von Deweys Philosophie etwas ganz anderes. Ursprünglich entstand dieser Ausdruck im Zusammenhang mit der Philosophie von Charles S. Peirce, der sich dabei auf eine kantische Unterscheidung berief. Während Kant unter »praktisch« das Handeln nach strengen – moralischen – Gesetzen verstand, bedeutete für ihn »pragmatisch« so viel wie das Handeln nach Hypothesen. Und eben dies war der Grund für Peirce, der Empirist war – »mit den Geistesgewohnheiten des Laboratoriums« –, den Begriff »pragmatisch« zu wählen.

Wie ungerechtfertigt Russells Vorwurf ist, der Pragmatismus sei Ausdruck des amerikanischen Handelsgeistes – ein Vorwurf, der auch heute noch in manchen Köpfen spukt –, mag an der Entstehungsgeschichte des Pragmatismus verdeutlicht werden. Als Geburtsurkunde des Pragmatismus gilt im allgemeinen Peirces Abhandlung *How to Make Our Ideas Clear*, eine Abhandlung, die im Jahre 1878 veröffentlicht wurde. Wie der Titel schon sagt, ist das Ziel der Untersuchung eine semantische Frage: Was ist ein klarer Begriff, was ist die Bedeutung von Begriffen? Die dort formulierte pragmatische Maxime lautet:

> »Überlege, welche Wirkungen, die denkbarerweise praktische Relevanz haben könnten, wir dem Gegenstand unsres Begriffs in Gedanken zukommen lassen. Dann ist unser Begriff dieser Wirkungen das Ganze unseres Begriffs des Gegenstandes.«

Die »praktische Relevanz« (*practical bearings*), von der Peirce hier spricht, ist offenbar die Quelle aller Missverständnisse, die dem Pragmatismus am Ende den Vorwurf des »amerikanischen Handelsgeistes« eingebracht haben. Aber was meinte denn Peirce wirklich mit dieser Maxime? Um sein eigenes Beispiel, die Transsubstantiation von Wein in Blut (»Wie können wir feststellen, ob der Wein nach der Wandlung Blut ist?«) etwas zu variieren, nehme man das englische Sprichwort »The proof of the pudding is in the eating«: Die Puddingprobe.

»*Pudding* (auch *Flammeri*) ist im deutschen Sprachraum der umgangssprachliche Ausdruck für eine *Süßspeise*. In der *Küchensprache* fällt er unter das Genre der Dessertcreme. Im englischen, besonders britischen Sprachraum steht das Wort für eine Süßspeise beziehungsweise den *Nachtisch* ganz generell, kann aber auch ein Fleischgericht sein. Gemeinsam ist beiden Varianten, dass die Speise ursprünglich in einer speziellen Form durch Erhitzen in einem kochenden *Wasserbad* gegart und danach gestürzt wird.

Der süße Pudding entsteht durch Aufkochen von *Milch* mit *Speisestärke*, *Grieß* oder *Eiern*. Zur Zubereitung werden – je nach Rezept – Grieß, *Milchreis*, Stärkemehl, *Sago* oder *Grütze* mit *Zucker* in Wasser, *Wein*, Milch oder *Fruchtsaft* gekocht, mit Eigelb und Eischnee vermischt und nach dem Erkalten – häufig in einer Form – auf den Servierteller gestürzt. Früher bediente man sich statt des Stürzens eines Serviettenkloßes. Eng verwandt bzw. je nach Rezept identisch ist der süße Pudding mit der *Vanillecreme* oder *Konditorcreme* (französisch *crème pâtissière*, mit Stärke zubereitet auch *Stärkecreme*), die für Füllungen und Auflagen von *Kuchen*, *Torten* und *Desserts* sowie als Grundlage für deutsche Buttercreme dient. (Nach Dr. Oetker)«

Pudding ist – in einer Variante – eine Süßspeise. Was eine Süßspeise ist, wird primär durch Schmecken bestimmt, aber natürlich auch durch Sehen, Tasten, Fühlen, Riechen usf. Was der Gegenstand (die Substanz) Pudding ist, wird durch eine Reihe von Operationen bestimmt, die wir – wirklich oder in Gedanken – mit ihm vornehmen. Und nur so kann man schließlich feststellen, ob der Pudding wirklich ein guter Pudding ist.[2] Peirce formuliert:

»Unsere Idee von etwas *ist* die Idee von seinen sinnlichen Wirkungen.« (5.401)

In Wahrheit knüpft Peirce hier an den Ausgangspunkt der Kantischen Problemstellung an:

»Unsere Erkenntnis entspringt aus zwei Grundquellen des Gemüts, deren die erste ist, die Vorstellungen zu empfangen (die Rezeptivität der Eindrücke), die zweite das Vermögen, durch diese Vorstellungen einen Gegenstand zu erkennen (Spontaneität der Begriffe); durch die erstere wird uns ein Gegenstand gegeben, durch die zweite wird dieser im Verhältnis auf jene Vorstellungen (als bloße Bestimmung des Gemüts) gedacht. Anschauung und Begriffe machen also die Elemente aller unserer Erkenntnis aus, so dass weder Begriffe ohne ihnen auf einige Art korrespondierende Anschauung noch Anschauung ohne Begriffe ein Erkenntnis abgeben *können*.« (KdrV A 59/B 74)

Schon in der Einleitung hieß es:

»Einen Gegenstand *erkennen*, dazu wird erfordert, dass ich seine Möglichkeit (es sei nach dem Zeugnis der Erfahrung aus seiner Wirklichkeit oder *a priori* durch Vernunft) beweisen könne. Aber *denken* kann ich, was ich will, wenn ich mir nur nicht selbst widerspreche, d.i. wenn mein Begriff nur ein möglicher Gedanke ist, ob ich zwar dafür nicht stehen kann, ob im Inbegriff aller Möglichkeiten diesem auch ein Objekt korrespondiert oder nicht. Um einem solchen Begriffe aber objektive Gültigkeit (reale Möglichkeit, denn die erstere war bloß die logische) beizulegen, dazu wird etwas mehr erfordert. Dieses Mehrere aber braucht eben nicht in theoretischen Erkenntnisquellen gesucht zu werden, es kann auch in praktischen liegen.« (B XXVI, Fußnote; siehe auch B 407 und 409)

Arthur Schopenhauer, der dem Pragmatismus schon sehr nahekommt – auch für ihn ist Erkenntnis »ein Hilfsmittel (μηχανή) des Willens zur Erhaltung des Individuums und der Fortpflanzung des Geschlechts« (WWV II, Kap.7) – fasst Kants Ansicht zusammen:

»Kants Hauptresultat lässt sich im Wesentlichen so resumieren: Alle Begriffe, denen nicht eine Anschauung in Raum und Zeit (sinnliche Anschauung) zum Grunde liegt, d.h. also, die nicht aus einer solchen Anschauung geschöpft worden, sind schlechterdings leer, d.h. geben gar keine Erkenntnis. Da nun aber die Anschauung nur *Erscheinungen*, nicht Dinge an sich liefern kann, so haben wir auch von Dingen an sich gar keine Erkenntnis.« (WWV II, Kap. 18, S. 253)

Der entscheidende Schritt von Peirce über Kant hinaus besteht nun in der Erkenntnis, dass diese Anschauungen keineswegs *bloße* Rezeptivität sind, das *Gegebene* der Anschauung, sondern selber das Ergebnis von Handlungen. So schreibt er:

»... dass Begriffe, die in Wirklichkeit Ergebnisse logischer Reflexion sind, ohne als solche gleich erkannt zu werden, sich mit unseren gewöhnlichen Gedanken mischen und häufig die Ursachen großer Verwirrung sind. Das ist z. B. der Fall mit dem Begriff der Qualität. Eine Qualität also solche ist niemals ein Gegenstand der Beobachtung. Wir können sehen, dass ein Ding blau oder grün ist, aber die Qualität des Blauseins oder Grünseins sind nicht Dinge, die wir sehen; sie sind Produkte logischer Reflexionen.« (*Festlegung einer Überzeugung*, 5.369)

Das wird von Dewey aufgenommen:

»Ausdrücke wie ›Dies ist rot, flüssig, löslich, hart‹ [sind] nicht primär, sondern drücken die wirklichen oder antizipierten Konsequenzen der Durchführung von Operationen aus. Als Qualifikationen oder als wirkliche oder mögliche Prädikationen werden sie durch die kumulative Kraft der Wiederholung von Operationen, seien sie nun ähnlich oder differenzierend, bewirkt ...« (*Logik*, S. 298)

Im Grunde besteht der Pragmatismus in nichts anderem als in der Ausarbeitung dieser Einsicht, dass Denken und Erkennen sich eben dadurch unterscheiden, dass das Erkennen sich immer nur im *praktischen* Umgang mit der Realität vollzieht. Selbst hier konnte Peirce sich schon an Kant orientieren, der das Experiment als das Verfahren der Naturwissenschaft erkannt hatte (KdrV B XII).

Henri Bergson, der im selben Jahr geboren wurde wie Dewey (1859 – übrigens in dem selben Jahr, in dem die beiden für die Entwicklung der modernen Philosophie wichtigsten nicht-philosophischen Bücher der Neuzeit, Darwins *Entstehung der Arten* und Marx' *Zur Kritik der politischen Ökonomie* erschienen sind) und der später von William James als sein engster Geistesverwandter empfunden wurde, hat diese grundlegende Einsicht des Pragmatismus in seinem bedeutenden Buch *Materie und Gedächtnis* (1896) so dargestellt:

»Die Realität der Materie besteht in der Totalität ihrer Elemente und in deren mannigfaltigen Wirkungen. Unsere Vorstellung der Materie entspricht genau unserer möglichen Wirkung auf die Körper; sie resultiert, wenn wir alles eliminieren, was für unsere Bedürfnisse oder allgemeiner: unsere Funktionen ohne Interesse ist [...] Die ganze Schwierigkeit des Problems, mit dem wir uns beschäftigen, rührt daher, dass man sich die Wahrnehmung als eine Art photographischer Ansicht der Dinge vorstellt, welche von einem bestimmten Punkte mit einem besonderen Apparat – unserem Wahrnehmungsorgan – aufgenommen wird, um alsdann in der Gehirnsubstanz durch einen unbekannten chemischen und psychischen Vorgang entwickelt zu werden.« (S. 68 f.)

Dieser Grundsatz wird von ihm immer wieder betont:

»Die Gegenstände, welche meinen Körper umgeben, reflektieren die mögliche Wirkung meines Körpers auf sie [...] Also um Wirken handelt es sich und bloß um Wirken.« (S. 55)[3]

Von hier zur denotativen Methode Deweys (*Erfahrung und Natur*, S. 22 f.) ist dann nur ein Schritt (s. u., S. 151). Unsere Primärerfahrung liefert uns einen unmittelbaren Kontakt mit den Objekten der Erfahrung – sie sind hart, farbig, duftend usf. Aber sie bieten nur das Material der Reflexion, sie werden dem Experiment, der Überprüfung, der Reflexion ausgesetzt, »sie werden in ein Kontinuum mit dem Rest der Natur gebracht und nehmen die Bedeutung der Dinge an, mit denen sie jetzt in Kontinuität gesehen werden«. »Die Phänomene selbst [erhalten] eine weitreichende Bedeutung, die sie vorher nicht hatten.« (S. 22)

In dem für diesen Zusammenhang besonders ergiebigen Kapitel 8 von *Erfahrung und Natur* heißt es:

»Solange unsere eigenen grundlegenden psycho-physischen Haltungen im Umgang mit äußerlichen Dingen noch unterbewusst sind, da sich unsere bewusste Aufmerksamkeit nur auf die Relationen äußerlicher Dinge richtet, so lange wird unsere Wahrnehmung äußerlicher Situationen schon an der Wurzel der Verwirrung und Verderbnis ausgesetzt [...] Deshalb gibt es einen empirischen Grund für die Isolierung des Bewusstseins von natürlichen Ereignissen. Wenn es so isoliert ist, werden manche behaupten, dass das Bewusstsein ein sklavischer und launischer Schatten der Dinge sei, und andere werden verkünden, dass es ihr rechtmäßiger Schöpfer und Herr sei. Behauptungen wie den in dieser Diskussion vorgetragenen, dass das Bewusstsein ihre (sc. der Dinge) erkannte Bedeutung ist, wenn sie mit Hilfe organischer Tätigkeiten einer zielgerichteten Neuorientierung unterzogen werden, wird die volle empirische Evidenz zu fehlen scheinen.« (S. 301)

Russells Vorwurf, der Pragmatismus sei Ausdruck des amerikanischen Handelsgeistes, der die »Liebe zur Wahrheit« verdunkle, beruht also auf einem vollständigen Missverständnis. In der pragmatischen Maxime ist lediglich von einem *Gedankenexperiment* (»gedachtes Handeln«) die Rede, und im Übrigen wird die Liebe zur Wahrheit durch Experimente ja keineswegs verdunkelt, sondern vielmehr betätigt.

Aber schon Peirce sah sich gezwungen, den Ausdruck »pragmatisch« als Bezeichnung seiner spezifischen Verfahrensweise fallen zu lassen und stattdessen den Ausdruck »Pragmatizismus« zu wählen. Es ist auffällig, dass Peirce unter den Autoren, die er als seine Geistesverwandten erwähnt, nicht William James nennt (CP VIII 297), der den Ausdruck »Pragmatismus« doch erst populär gemacht hatte. Aber der Pragmatismus von James hatte mit dem von Peirce kaum mehr als den Ausgangspunkt gemeinsam.

Dewey selbst lässt den Ausdruck ebenfalls fallen und wählt Ausdrücke wie Experimentalismus, Instrumentalismus, empirischer Naturalismus oder naturalistischer Humanismus. In der *Logik* greift er noch einmal auf den Begriff des Pragmatismus zurück und definiert ihn »in dem Sinn, dass Konsequenzen als notwendige Überprüfung der Gültigkeit von Aussagen dienen, vorausgesetzt, diese Konsequenzen werden operational geschaffen und sind geeignet, das spezifische Problem zu lösen, das die Operationen heraufbeschworen hat«[4]. Hier ist die Bedeutung vollkommen auf den Bereich einer Logik der Forschung eingeschränkt: Pragmatisch ist eine bestimmte Handlungsweise eines Forschers, der eine Hypothese operational überprüft.

Es gibt freilich noch einen weiteren Grund, der der Rezeption Deweys im Wege stehen könnte. Dewey hat seine Philosophie sehr stark an die Entwicklung der Psychologie seit William James gebunden, vor allem an den Behaviorismus. Darin gleicht seine Einstellung der seines Freundes George Herbert Mead, dessen Hauptwerk *Mind, Self and Society* den Untertitel »Aus der Sicht des Sozialbehaviorismus« trägt. Es ist heute ein Gemeinplatz, dass der Behaviorismus die in ihn gesteckten Erwartungen nicht erfüllt hat. 1948, vier Jahre vor dem Tode Deweys, fand in Kalifornien das berühmte Hixon-Symposion statt, das das Ende des Behaviorismus verkündete;[5] 1964 schrieb Chomsky eine vernichtende Kritik an der Sprachtheorie Skinners, in der er nachwies, dass der Spracherwerb bei Kindern nicht mit den Mitteln des Behaviorismus, nämlich Reiz und Reaktion unter Ausschaltung aller mentalen Vorgänge erklärt werden kann.

Aber Deweys Philosophie ist nicht so eng an die spezifischen Verfahrensweisen des Behaviorismus gebunden, dass sie mit dem Zusammenbruch dieser speziellen Psychologie den Boden unter den Füßen verliert. Sein »Naturalismus« hat auch unter den Voraussetzungen der Kognitionswissenschaft Bestand: Deshalb kann sich das Programm der Naturalisierung der Erkenntnis,[6] das Quine formuliert hat, durchaus auf den Vorgang Deweys berufen. Zumindest bildet Dewey den wichtigsten Zwischenschritt zwischen den dualistischen Theorien des menschlichen Geistes im neunzehnten Jahrhundert und der Überwindung dieses Dualismus im zwanzigsten; und gewiss hat kein Autor mit einer solchen Leidenschaft und Sachkenntnis die europäische Philosophie der letzten zweitausend Jahre unter dem Gesichtspunkt der Entstehung und Überwindung des Dualismus von Körper und Geist dargestellt.

Biografie

John Dewey [ausgesprochen: Du-i] wurde am 20. Oktober 1859 in Burlington, Vermont, in Neuengland geboren. Sein Vater, Archibald Sprague Dewey, war damals beinahe fünfzig Jahre alt. Nur vier Generationen trennten Archibald Dewey von den ersten Deweys, die unter dem Namen »de Wei« (»von der Wiese«) aus Flandern gekommen waren. Deweys Vater, ein Kolonialwarenhändler, der gebildet genug war, Shakespeare und Milton um ihrer Redewendungen willen zu studieren, und der in dem Ruf stand, mehr Waren zu verkaufen und weniger Rechnungen einzutreiben als jeder andere Kaufmann in der Stadt, hätte unter seinen Söhnen – John hatte noch drei Geschwister – am liebsten mindestens einen Mechaniker gehabt. Seine Frau Lucina, die fast zwanzig Jahre jünger war als ihr Mann, war stark religiös; auf ihren Einfluss ist zurückzuführen, dass die Jungen eine akademische Ausbildung erhielten.

John und sein Bruder Davis galten als Bücherwürmer, die sich in der Schule heftig langweilten. Mit fünfzehn schloss John Dewey die High School ab und ging auf das College, das er

1879, mit zwanzig Jahren, verließ. Die Universität von Vermont war damals recht klein, im Jahre 1879 machten nur achtzehn Studenten das Abschlussexamen. Alle Studenten mussten alles studieren. Die ersten beiden Jahre nahm man Griechisch, Latein, alte Geschichte, analytische Geometrie und Differentialrechnung. Im dritten Jahr waren die Naturwissenschaften an der Reihe. Thema war hier u. a. die Evolutionstheorie, die damals noch neu und aufregend wirkte. Das vierte Jahr galt hauptsächlich der Philosophie. Man las Platons *Staat* und Bains *Rhetoric*. Man hatte Kurse in politischer Ökonomie und internationalem Recht. Im Vordergrund standen die schottischen Philosophen, nach denen die grundlegenden ethischen und logischen Ideen, auf denen alles Verhalten und alle Beweise beruhen, dank gewisser natürlicher Wahrnehmungen intuitiv erkannt werden, d. h. nicht von Erziehung, Geschichte, Brauch oder auch nur der Reflexion abhängen. Der englische Empirismus galt als gefährlich, noch skeptischer wurde der deutsche Idealismus beurteilt. Er war hauptsächlich durch die Vermittlung von Coleridge bekannt, wurde aber selbst in dieser Form von den Orthodoxen mit Misstrauen betrachtet. Dewey hatte großes Interesse an Comtes positiver Philosophie. Nach dem Examen lehrte er zwei Jahre lang in South Oil City/Pa. an der dortigen High School, und zwar alles, Latein, Algebra, Naturwissenschaft – und das Ganze für vierzig Dollar im Monat. Das folgende Halbjahr unterrichtete er in einer benachbarten Dorfschule. Zu dieser Zeit lernte Dewey die Zeitschrift *Speculative Philosophy* kennen. Herausgegeben wurde sie von William Torrey Harris, der mit einer Gruppe deutscher Emigranten von 1848 in Kontakt getreten war, die stark von Schelling und Hegel beeinflusst waren. Die Zeitschrift von Harris war lange Jahre das einzige bedeutende philosophische Journal in den Vereinigten Staaten. Dewey schickte einen Artikel an Harris, der ihn ermutigte, sich beruflich der Philosophie zu widmen. Im Herbst 1882 lieh John Dewey sich fünfhundert Dollar und schrieb sich an der Johns Hopkins Universität ein. Diese Universität wollte ein Gegengewicht zu den damals führenden deutschen Universitäten bilden. Die Atmosphäre war äußerst anregend. Deweys Lehrer in Philosophie war George Sylvester Morris, der Friedrich Überwegs *Geschichte der Philosophie* ins Englische übersetzt und selbst in Deutschland bei Friedrich A. Trendelenburg studiert hatte. Aus dieser Zeit stammt der große Eindruck, den Hegel auf Dewey machte.

»Nichtsdestoweniger würde ich nicht im Traum daran denken zu verkennen, geschweige denn zu bestreiten, worauf scharfsinnige Kritiker dann und wann als neueste Entdeckung verweisen – dass die Bekanntschaft mit Hegel einen dauernden Eindruck in meinem Denken hinterlassen hat. Die Form, der Schematismus seines Systems erscheint mir jetzt höchst künstlich; aber im Inhalt seiner Ideen liegt oft eine außergewöhnliche Tiefe und in vielen seiner Analysen, wenn sie nur aus ihrem mechanischen dialektischen Rahmen herausgelöst werden, ein außergewöhnlicher Scharfsinn. Könnte ich überhaupt Anhänger irgendeines Systems sein, würde ich immer noch glauben, dass es bei Hegel einen größeren Reichtum und eine größere Vielfalt an Einsicht gibt als bei jedem anderen systematischen Philosophen – obwohl ich, wenn ich dies sage, Platon ausnehme, der immer noch meine philosophische Lieblingslektüre darstellt.«[7]

Unter dem Einfluss von Morris entwickelte Dewey die Idee einer intermediären Logik, die weder rein formal war noch eine reale Logik der Dinge, sondern eine Logik der Prozesse, durch die Erkenntnis erlangt wird. 1884 schloss Dewey sein Studium mit einer Dissertation über Kants Psychologie ab. Kurz darauf erhielt er durch Vermittlung von Morris das Angebot, in Michigan zu lehren. Dewey wohnte in Ann Arbor, wo er Alice Chipman kennenlernte, die er 1886 heiratete. Sie übte einen tiefen und anregenden Einfluss auf Dewey aus.

Die Jahre mit Morris waren die Jahre der größten Wirkung der deutschen Philosophie auf John Dewey. Aber allmählich löste er sich davon. Die Vorstellung des konstitutiven Geistes machte der Vorstellung von der Vermittlungsfunktion des Geistes zwischen angeborenen Impulsen und den Konsequenzen ihrer Operation Platz. Der wichtigste Einfluss ging von James' *Principles of Psychology* aus, und zwar von James' Vorstellungen über Begriffsbildung, Unterscheidung sowie Vergleich und Begründung.

Nach dem Tode Morris' wurde Dewey, der inzwischen ein Jahr in Minnesota gelehrt hatte, zu seinem Nachfolger berufen. Als sein Kollege James Hayden Tufts an die neu gegründete Universität Chicago ging, wurden Albert H. Lloyd und der aus Berlin zurückgeholte George Herbert Mead zu seinen Nachfolgern ernannt. Mit Mead war Dewey eng befreundet, die Familien wohnten in Ann Arbor und später in Chicago Tür an Tür. Mead übte einen tiefen Einfluss auf John Dewey aus. Auf Betreiben Tufts wurde Dewey nach Chicago berufen; er nahm den Ruf im Jahre 1894 an.

Chicago ist uns aus Brechts *Heiliger Johanna* als die Stadt der Schlachthöfe bekannt, Brecht wiederum stützte sich auf Upton Sinclairs Roman *Jungle* von 1906. »In der ganzen Welt gibt es keinen Platz, der besser geeignet wäre für eine prosperierende Stadt, und keinen Platz, der weniger geeignet wäre für eine schöne«, schrieb H.T. Wood 1892. Ein Besucher in den 1890er Jahren schrieb: »Während meines Aufenthalts von einer Woche sah ich nichts anderes als Düsterkeit: Rauch, Wolken, Schmutz und eine ungeheure Anzahl von traurigen und verhärmten Menschen.« Und James F. Muirhead, ein britischer Journalist, der für Baedeker zwischen 1890 und 1893 durch die USA reiste, schrieb: »Es gibt wenige Dinge, die niederdrückender sein können als die *sunless canyons*, welche in Chicago Straßen genannt werden.«[8]

Chicago, das 1871 durch einen großen Brand in Schutt und Asche gelegt worden war, verdankt seinen Aufstieg dem Zeitalter der Eisenbahn. Um 1900 überschritt die Einwohnerzahl die Millionengrenze, und Chicago wurde nach New York zur zweitgrößten Stadt in den USA. Gleichzeitig versuchte Chicago, zur zweiten Metropole des amerikanischen Geisteslebens zu werden. Es machte alle Anstrengungen, für seine Bibliotheken, Museen, Erziehungseinrichtungen und Galerien ebenso bekannt zu werden wie für seine Wirtschaftskraft.

An der neu errichteten Universität, die über hinreichend viel Geld verfügte, um die Größen der neuen Wissenschaften mit hohen Gehältern anzulocken, herrschte eine Atmosphäre des Neuanfangs, wie sie traditionsreichere Universitäten nicht kannten. Hier war der geeignete Ort für Dewey, zusammen mit Mead, Angell, Tufts, Moore, Arnes das »Evangelium des Pragmatismus« zu predigen, wie Watson später spottete, das freilich für andere »die erste wirklich amerikanische Philosophie« war, mit der sich Amerika vom europäischen Erbe befreite, einen wirklichen Bruch mit der Vergangenheit herbeiführte.

Es bestand eine enge Beziehung zwischen der Universität und der Stadt. Viele Professoren saßen in städtischen Kommissionen zur Verbesserung der sanitären Versorgung, zur Slumsanierung, zur Arbeitsgesetzgebung und zur Schlichtung von Streiks. Die Universität verstand sich als »soziales Ferment«; und sie betrachtete die Stadt als ihr Untersuchungslabor.

Denn in der Stadt herrschten katastrophale Verhältnisse. Agnes Sinclair Holbrook, eine Sozialarbeiterin aus dem Kreis von Jane Addams, die in den 1890er Jahren eng mit Dewey zusammenarbeitete, schrieb: »Man macht sich keine Vorstellung von den schmutzigen und verrotteten Wohnungen, den engen Höfen und baufälligen Schuppen, den übel riechenden Ställen und verfallenen Aborten, den zerbrochenen Abwasserpumpen, den Abfallhaufen mit ihren ungesunden Ausdünstungen und den unzähligen Kindern in jedem Winkel, die da arbeiten und spielen, essen und schlafen und buchstäblich jeden Flecken pflastern.«

Chicago bot das ideale Klima für die pragmatistische Philosophie der Praxis, für Wissenschaft im Dienste der Sozialreform, wie sie Dewey vertrat. In Chicago wurden die sozialen Probleme aufgegriffen, Ideen zu ihrer Bewältigung getestet. Chicago war auch in diesem Sinne der konzentrierte Ausdruck der kulturellen Strömungen der Zeit. Und die Pragmatisten trugen ihrerseits dazu bei, die Universität innerhalb eines Zeitraums von zehn Jahren zu einem der führenden Forschungszentren der Welt zu machen. Nicht zufällig wurde das Department of Education, das unter der Leitung Deweys stand, zum Zentrum der Ausbreitung der Ideen des Pragmatismus. Dabei konnte Dewey auf bereits vorhandene Einrichtungen zurückgreifen: Im Chicago Institute, in der Chicago Manual Training School und der University Elementary School hatte Dewey experimentelle Modelle für die praktische Verwirklichung seiner Vorstellungen. Lehrer aus allen Bereichen der Universität unterrichteten dort. Den sozial Schwachen sollte die ihnen vorenthaltene Ausbildung zugänglich gemacht werden, um sie aus ihren benachteiligten Lebensverhältnissen herauszuholen.

Und Chicago war auch der Mittelpunkt der Revolten, in denen die sozial Benachteiligten sich zur Wehr setzten; Chicago war das Zentrum der sozialistischen und anarchistischen Organisationen. In den Jahren zwischen 1876 und der Jahrhundertwende bekam Chicago den Ruf, die »radikalste der amerikanischen Städte« zu sein. Nach Chicago waren 1877 die Bundestruppen geschickt worden, die sich blutige Kämpfe mit den Streikenden lieferten. Nach Chicago zu gehen bedeutete damals also durchaus eine soziale Stellungnahme.

Deweys Interesse an Fragen der Erziehung stammt aus der Zeit in Michigan. Er selbst beobachtete seine eigenen Kinder – er hatte sechs – sehr genau und schrieb mit einem Kollegen seine ersten Bücher über Erziehung. Den Ruf nach Chicago nahm er 1894 u.a. deshalb an, weil dort die Pädagogik mit Philosophie und Psychologie in einem Department zusammengeschlossen war. Nach einigen Jahren fand er eine Gruppe von Eltern, mit deren finanzieller Hilfe er eine Versuchsschule einrichtete. Sie hieß eigentlich Laboratory School, wurde aber allgemein »Dewey School« genannt. Sie bestand siebeneinhalb Jahre.[9] Deweys wohl meistgelesene Schrift, *Schule und Gesellschaft*, enthält Gespräche, die Dewey führte, um Geldmittel für seine Schule aufzutreiben. Spannungen zwischen Dewey und dem Universitätspräsidenten Francis Parker über die Verwaltung der Dewey-Schule führten schließlich zur Beendigung des Schulexperiments. Dewey zog sich 1904 von der Stelle zurück. Durch Vermittlung von James McKeen Catell wurde er an die Universität Columbia berufen.

In Columbia fand Dewey eine andere Atmosphäre vor, vor allem traf er auf Frederick Woodbridge, einen Philosophen, der eine Naturmetaphysik von aristotelischem Typ lehrte. Die meisten der später von Dewey veröffentlichten Bücher sind aus Vorlesungen hervorgegangen, die er während dieser Zeit gehalten hat.

Deweys politisches Interesse stammte schon aus seiner frühen Zeit. Er war an der Gründung der ersten Lehrergewerkschaft sowie der American Association of University Professors beteiligt, Letzterer diente er als erster Präsident. 1918 machte er Vorlesungsreisen nach Japan und China, 1924 in die Türkei, 1926 nach Mexiko, 1928 nach Russland, über das er sehr verständnisvolle Artikel verfasste, was ihm bei den Rechten den Ruf einbrachte, ein Bolschewik zu sein. Aufgrund seiner Besuche in

Russland wurde er Mitglied der »Commission of Inquiry into the Charges Against Leon Trotsky at the Moscow Trial« (Kommission zur Untersuchung der Vorwürfe gegen Trotzki bei den Moskauer Prozessen). Das Ergebnis, »Nicht schuldig«, führte dazu, dass er von der Linken als Reaktionär und Trotzkist verfemt wurde. In Wirklichkeit war Dewey ein Liberaler – im amerikanischen Sinne dieses Wortes. Sidney Hook schrieb über ihn:

> »Selbst wer nicht mit seinen Schriften bekannt ist, weiß aus den Kontexten, in denen sein Name gedruckt erscheint, dass überall da, wo es gilt, eine progressive Sache zu verteidigen, John Dewey immer an vorderster Front steht. Sein Progressivismus ist eine Philosophie, kein Gefühl. Aber sie wurzelt in einem Gefühl gegen Grausamkeit und Ungerechtigkeit, gleichgültig, unter welchem Banner sie sich zu verbergen suchen. Ob es sich um einen Fischverkäufer handelt, der unter falschen Beschuldigungen verhaftet worden ist, einen Kioskbesitzer, dessen Konzession und Lebensunterhalt durch einen bürokratischen Irrtum auf dem Spiel stehen, einen Neger, der gelyncht zu werden droht, einen Gewerkschaftler, der wegen legitimer Aktivitäten verfolgt wird, einen Lehrer, der wegen seiner häretischen Ansichten in Gefahr ist, einen Kommunisten, der wegen seiner Meinungen und nicht wegen eines spezifischen Verbrechens angeklagt wird, das Opfer einer Verleumdungskampagne, die von der kommunistischen Partei und ihren leichtgläubigen Anhängern inszeniert worden ist, einen Flüchtling, der auf der Abschussliste der GPU oder der Gestapo steht – John Dewey findet immer Zeit, sich ihm voller Sympathie zu widmen. Er ist von jeder *pressure group*, die irgend etwas zu verbergen hat, von jeder Organisation, die andere der Privilegien zu berauben versucht, die sie für sich selbst verlangt, als Staatsfeind Nr. 1 bezeichnet worden. Für ihn ist kein Fall jemals abgeschlossen, wenn ein Mensch ungerecht gelitten hat.«[10]

Einer der bemerkenswertesten Züge Deweys war zweifellos seine intellektuelle und physische Kraft. Mit achtzig Jahren arbeitete er an mehreren Büchern, nachdem er in dem Jahrzehnt davor sieben Bücher geschrieben und zwei vollständig revidiert hatte. Jedes Buch, das erschien, stellte das Ergebnis mehrerer Überarbeitungen dar. Er konnte leicht ein Kapitel pro Tag schreiben, das zwischen 5000 und 7000 Wörter zählte. Und es am nächsten Tag streichen und wieder ganz von vorn beginnen. Mit 87 Jahren heiratete er noch einmal (seine erste Frau, Alice, war 1927 an Arteriosklerose gestorben) und adoptierte zwei Kinder. Er starb am 2. Juni 1952 in New York City.

Brand Blanshards Erinnerung an Dewey

Der amerikanische Philosoph Brand Blanshard, ein Schüler Deweys, hat in seiner Autobiografie ein Zeugnis des Eindrucks hinterlassen, den Dewey auf seine Umwelt machte:
»Ich erwartete mit einer gewissen Aufregung, John Dewey zu sehen und zu hören. Wer mit ihm zusammen gearbeitet hat, wird nicht überrascht sein zu hören, dass der erste Eindruck weit hinter den Erwartungen zurückblieb. Dewey kam gemächlich in die Klasse geschlendert, in einer sehr entspannten und geistesabwesenden Weise, setzte sich auf einen Stuhl, guckte aus dem Fenster und begann in einer etwas schleppenden Art zu reden. Während er sprach, faltete er ständig an einem Blatt Papier herum, das er in der Hand hielt. In der Art seiner Vorlesung war wenig Form – kein Gefühl für seine Zuhörerschaft, keine Effekthascherei, nichts, das innehalten ließ oder zitierwürdig gewesen wäre; er dachte eine Stunde lang laut nach, und das war die Vorlesung. Erst nachdem die Stunde vorüber war und der Student seine Notizen nachlas, erkannte er, wie frei von Abirrungen und wie argumentativ sicher die Vorlesung gewesen war. Meine erste Enttäuschung über Dewey war um so natürlicher, weil für mich Bradley mein Vorbild für das Philosophieren gewesen war, und es konnte kaum einen größeren Kontrast geben

als den zwischen Bradleys nervöser Schärfe und Deweys Art, sich schwerfällig voranzuschleppen, sei es im Schreiben oder im Reden.

Nichtsdestoweniger habe ich Dewey mit der Zeit von ganzem Herzen bewundern gelernt. Er scheint mir der originellste Denker zu sein, den Amerika hervorgebracht hat. Eins seiner Bücher heißt *Der Einfluss Darwins auf die Philosophie*, und irgendjemand hat bemerkt, dass dies auf Dewey selbst zutrifft. Er hat die Philosophie biologisiert. Er vertrat die Auffassung, das Urteil, der elementarste Denkakt, sei die Annahme eines ›Handlungsplans‹, der darauf abziele, irgendein Hindernis des Verhaltens des Organismus zu überwinden; er nannte seine Theorie ›Instrumentalismus‹, weil er das Denken als ein Werkzeug organischer Anpassung auffasste. Denken um seiner selbst willen, Denken vom platonischen Typus, das rein theoretisch und kontemplativ ist, betrachtete er im besten Falle als Luxus und im schlechtesten Fall als eine Krankheit, bei der das Denken unkontrolliert dahinrast, ganz im Sinne von Santayanas Beschreibung des Fanatikers als eines Menschen, ›der seine Anstrengung verdoppelt, wenn er sein Ziel vergessen hat‹. Dewey entwickelte seine Theorie vom Denken als im Wesentlichen praktisch zu einem umfassenden System. Diese Theorie erschien in seinem erzieherischen Werk als eine Verteidigung des Lernens durch Tun, in seiner Ethik als eine Lehre vom Wachstum als Ziel, in seiner Religionsphilosophie in Gestalt einer Interpretation des Glaubens als Hingabe an weitreichende Ziele, in der Geschichte der Philosophie als eine Abwertung der philosophischen Tradition der Griechen.

Es gibt einen großen Reichtum an *obiter dicta* in seinen Schriften auf all diesen Feldern, besonders da, wo er auf die Denkpsychologie zu sprechen kommt. Aber sein Denken hat überall eine gemeinsame Wurzel in seiner pragmatischen Theorie des Denkens, und diese Theorie habe ich niemals akzeptieren können. Dewey hat wahrscheinlich recht, dass das Denken genetisch seinen Ursprung unter dem Druck praktischer Bedürfnisse hatte; der Mensch musste denken, um sich Nahrung zu verschaffen, sich warm zu halten und sich gegen Feinde zu schützen; die Notwendigkeit war die Mutter der Erfindung. Dewey ist der Meinung, dass das Denken immer noch das ist, was es ursprünglich einmal war, ein Mittel, um das Verhalten weise zu ordnen. Aber die Tatsache, dass es zu praktischen Zwecken benutzt wurde und wird, sollte uns nicht der Tatsache gegenüber blind machen, dass es ein eigenes Ziel hat. Dieses Ziel ist Wissen. Die praktischen und die theoretischen Ziele sind ganz verschieden und leicht unterscheidbar. Columbus' Urteil, dass die Erde rund sei, war ein Instrument zu seinem Ziel, sie zu umsegeln; wohl wahr. Aber sein Urteil war nicht nur dies; es war als Feststellung einer Tatsache gemeint. Seine kognitive Bedeutung und seine praktische Intention waren nicht dasselbe, und die Wahrheit des Urteils war gänzlich verschieden von seiner Nützlichkeit. Das Urteil funktionierte, gewiss, aber es funktionierte, weil es schon wahr war; es wurde nicht erst wahr, als es funktionierte. Es ist das Wesen des Pragmatismus, Bedeutung mit Absicht zu verwechseln und Wahrheit mit Nützlichkeit oder mit Verifikation in der Praxis. Diese Kritik scheint mir einfach und direkt, und ich glaube nicht, dass einer der drei Führer der pragmatischen Bewegung – James, Schiller und Dewey – sie jemals zufriedenstellend beantwortet hat.

Dewey kam einer solchen Antwort vielleicht am nächsten, und seine Verteidigung war scharfsinnig. Ich erinnere mich an ein Treffen seines Kurses über Typen der Logik, in dem dieser Einwand von einem seiner Studenten erhoben wurde, vielleicht von Irwin Edman, der ein respektvoller, wenn auch kritischer Zuhörer war. Dewey war dabei, den praktischen Aspekt des

Denkens zu betonen, und obgleich ich mich, nach mehr als einem halben Jahrhundert, nicht mehr an den Wortlaut des Streits erinnern kann, erinnere ich mich noch sehr wohl an seinen Kern. Student: ›Glauben Sie wirklich, Mr. Dewey, dass Kants Denken in dem Augenblick, als er sich niedersetzte, um über die Kategorien nachzudenken, ein Handlungsplan genannt werden konnte? Kant selbst würde doch bestimmt sagen, dass sein Interesse rein theoretisch sei. Und sind wir nicht verpflichtet, seine eigene Darstellung dessen, was er tat, zu akzeptieren?‹ Dewey: ›Ich habe oft gedacht, dass metaphysisches Denken so ist wie ein sportlicher Wettkampf. Der *Football*-Spieler sagt vielleicht, dass sein Interesse einzig und allein darin besteht, den Ball hinter jene Linie am Ende des Feldes zu befördern. Aber das kann nicht richtig sein. Wenn es das wäre, dann würde er in irgendeiner dunklen Nacht aufstehen und ihn dorthin legen. Nein, sein Interesse liegt darin, ihn gegen eine kompetente Opposition und in Übereinstimmung mit den Spielregeln dorthin zu befördern. Nun, Kant spielte ein Spiel, in dem auch er versuchte, seine Gegenspieler zu übertrumpfen, aber in Übereinstimmung mit den Regeln des logischen Spieles, indem er subtiler, gründlicher, konsistenter als jeder andere war. Auch er hat um des Erfolgs willen gespielt in dem einen Spiel, in dem er ein Meister war, dem Spiel reflexiver Analyse.‹ Ich war nicht überzeugt. Aber in der Analogie liegt genügend Kraft, um einen dazu zu bringen innezuhalten; und sie illustriert Deweys Bereitwilligkeit und Erfindungsreichtum, wenn Studenten versuchten, ihn festzunageln.

Nicht dass er jemals unaufrichtig war oder selber nur spielte, um zu gewinnen. Er war in Kontroversen notorisch objektiv und auf eine sanfte Weise unpersönlich, und seine Wahrheitsliebe war deutlich. Nichtsdestoweniger ist der Pragmatismus ein gefährliches Glaubensbekenntnis. Wenn er, wie ich glaube, auf einem Missverständnis unseres Zieles beim Denken beruht, ist er gezwungen, in aller Aufrichtigkeit Argumente zu verwenden, die für Nichtgläubige irrelevant erscheinen müssen, und anderen Motive zuzuschreiben, die sie zu desavouieren wünschen. Es war das unglückliche Los von Schiller, fürchte ich, aufgrund des Widerstrebens der übrigen Universitätslehrer, mit ihm das Schwert zu kreuzen, aus Oxford praktisch ausgeschlossen zu werden. Es schien aus seinem personalistischen Pragmatismus zu folgen, dass in jeder Kontroverse sich die Seite als im Recht erwies, die tatsächlich siegte, d. h. der es gelang, akzeptiert zu werden, und dass der psychologische Sieg ein Garant der Wahrheit sein sollte. Philosophen widerstrebte es, mit einem Opponenten in die Schranken zu treten, der auf diese Weise die Regeln konzipierte. Im Streit mit James oder Dewey wurde aber, soweit ich weiß, niemals ein derartiger Widerstand gezeigt, obgleich James in seinem Aufsatz *The Will to Believe* seine Kollegen durch die Ansicht mystifizierte, dass wir ein moralisches Recht hätten zu glauben, was wir aus logischen Gründen nicht berechtigt wären zu glauben.

Ich habe in jenen Tagen ziemlich viele Gedanken auf die Frage verwandt, wie man überhaupt mit einem Pragmatisten argumentieren kann. Wenn zwei Personen mit Gewinn miteinander diskutieren sollen, muss es einen gemeinsamen Boden geben, auf dem sie sich treffen können; es muss mindestens eine implizite Übereinstimmung darüber geben, was Relevanz und Wahrheit bedeuten sollen. Wenn die beiden Parteien über eine so fundamentale Frage uneins sind wie die nach der Natur der Wahrheit, kann jede Überlegung, die von einer von ihnen als wahr angeboten wird, von der anderen als falsch zurückgewiesen werden, und wenn man auf ihrer Wahrheit beharrt, geht man nur dem Problem aus dem Wege. Ja, die beiden Parteien werden überhaupt gar nicht dieselbe Frage diskutieren. Wenn die eine Partei sagt, dass Wahrheit Kohärenz sei, wird sie behaupten, dass diese Behauptung kohärent sei, und die andere, die dies bestreitet, wird nur behaupten, dass dies nicht funktioniert. Und keine Aussage, die zur Unterstützung einer der beiden Interpretationen angeboten wird, wird für beide dieselbe Bedeutung haben. Ich habe daraus geschlossen, und glaube das noch immer, dass der einzige Weg, in einer solchen Debatte zu überzeugen, darin besteht, seinem Opponenten zu zeigen, dass sein Bekenntnis nicht mit seiner Praxis übereinstimmt; z.B. obgleich er denkt, dass er mit ›Wahrheit‹ ›funktionieren‹ meint, nimmt er implizit an, dass sie etwas anderes ist. Dies kann, wie ich denke, einem aufrichtigen Anhänger von James oder Dewey gezeigt werden. Ich habe den Verdacht, dass keiner von ihnen, wenn er sagte »Wahrheit heißt funktionieren«, lediglich meinte, dass diese Aussage funktioniert; und als sie zum Urteil über die Vergangenheit kamen, war ihre Behauptung, dass dessen Wahrheit in seinen zukünftigen Konsequenzen liegt, in offensichtlichem Konflikt mit dem, was sie gewöhnlich meinten.

Im Laufe meines Jahres in Columbia pflegte ein älterer Besucher zeitweilig Deweys Seminare zu besuchen. Es handelte sich um Albert C. Barnes, einen Chemiker aus Philadelphia, der das Argyrol entdeckt und durch dessen Herstellung und Veräußerung ein beträchtliches Vermögen angesammelt hatte. Im Gefolge seiner Lektüre von Deweys *Demokratie und Erziehung* war Barnes zu einem ergebenen Anhänger seines Verfassers geworden. Sein Hauptinteresse galt außer seinem Geschäft der Kunst; und die Wände seines Hauses in Philadelphia waren bedeckt mit Monets und Manets, Matisses und Picassos. Wie gut er als Kritiker war, weiß ich nicht, aber er hatte ein beinahe unheimliches Vorwissen davon, nach welchen Künstlern zehn oder zwanzig Jahre später Nachfrage bestehen würde. Er beabsichtigte, ein Museum oder eine Kunstinstitution zu gründen, in der die Besucher darin unterrichtet werden sollten, Kunst kritisch zu beurteilen, und er wandte sich an Dewey als Meister der Erziehung um Rat. Dewey ermunterte ihn zu schreiben, und die beiden lernten viel voneinander, wie Barnes damit bezeugte, dass er sein Buch *The Art in Painting* Dewey widmete, und Dewey, indem er sein *Kunst als Erfahrung* Barnes widmete.

Während er einen Kursus Deweys in Sozialphilosophie besuchte, machte Barnes den Vorschlag, dass seine Philosophie davon profitieren könnte, wenn man sich den Tatsachen genauer zuwenden würde. Er richtete Deweys Augenmerk darauf, dass es eine große polnische Gemeinde in Philadelphia gab, die sich der ›Amerikanisierung‹ gegenüber seltsam resistent zeigte und die Sitten, die Ideen und die Sprache, die sie von zu Hause mitgebracht hatte, beibehielt und eine Art Zyste im Gesellschaftskörper bildete. Ob Dewey Interesse hätte, dies vor Ort zu untersuchen? Ja, sehr großes, antwortete Dewey; ob er einige seiner fortgeschrittenen Studenten mitbringen dürfe? Barnes war einverstanden und kaufte sogleich ein Haus für die Gruppe in der Richmond Street inmitten des polnischen Viertels. Dewey wählte als Mitarbeiter Irwin Edman, Frances Bradshaw (die später meine Frau wurde), Anzia Yezierska, die später für ihre empfindsamen Romane bekannt wurde, meinen Bruder Paul, der zu diesem Zeitpunkt ebenfalls Student in Columbia war, und mich aus. Sobald das akademische Jahr vorüber war, ließen sich Dewey und seine kleine Herde in der Richmond Straße nieder und begannen ihre Untersuchung.

Wir teilten uns das Feld auf. Dewey sollte die Politik der Gemeinde untersuchen. Miss Bradshaw sollte ihre Erziehung erforschen und die Haushaltsführung überwachen; Miss Yezierska und Edward Ryglewicz (ein Angehöriger der örtlichen Gemeinde) sollten als Dolmetscher dienen; ich sollte religiöse Einstellungen untersuchen; welche Aufgabe Edman zugewiesen wurde, ist mir entfallen; und auf die Dienste meines Bruders wurde von Mr. Barnes bald verzichtet, weil er den Verdacht hatte, dass Paul zu viel von nicht-deweyscher Ökonomie und Soziologie wusste, als dass er noch unvoreingenommen sein konnte. Wir verbrachten einen Sommer mit unseren Forschungen, und zwei kleine Bücher waren das Ergebnis. Deweys Untersuchungen über die polnische Politik verwickelten ihn bald in die verworrene Lage Polens. Es war Krieg; Russland war kommunistisch geworden, und die russische Armee war zusammengebrochen; Polen war in deutscher Hand; und die vier Millionen Polen in den Vereinigten Staaten wurden von Paderewski für die Sache eines unabhängigen Polen aufgerüttelt. Dewey war der Art von Regime gegenüber, das Paderewski für Polen anstrebte, misstrauisch, und er widmete seinen Bericht hauptsächlich einer Analyse des Charakters und der Aussichten der streitenden polnischen Parteien und der Empfehlung einer amerikanischen Politik ihnen gegenüber. Sein Bericht wurde von Mr. Barnes gedruckt und dem State Department zugesandt, das ihn studieren sollte, aber ich habe niemals in Erfahrung bringen können, wie viel Einfluss, wenn überhaupt, er ausgeübt hat. Der einzige andere Bericht, der gedruckt wurde, war mein eigener. Bevor ich ihn vollendete, wurde ich zum Militär einberufen, und ich musste einen großen Teil davon 1919 in England schreiben, nachdem ich ins Zivilleben zurückgekehrt war, und zwar anhand von Notizen und Erinnerungen, die jetzt erkaltet waren. Ich schickte das Manuskript an Mr. Barnes, der es unter dem Titel *The Church and the Polish Immigrant* als Taschenbuch veröffentlichte. Es ist kein gutes Buch; ich hatte keine Gelegenheit, Korrektur zu lesen; und soweit ich weiß, hat es nirgends auch nur den geringsten Einfluss ausgeübt.

Jener Sommer in Philadelphia war freilich für die kleine Gruppe von Mitarbeitern von großer Bedeutung. Wir lernten

Dewey besser kennen und erfuhren etwas von seiner Art zu arbeiten. Er war die nachdenklichste Person, die ich je kennen gelernt habe. Nachzudenken war zu einer Gewohnheit und Lebensform bei ihm geworden, und er schenkte dem, was um ihn herum vorging, so wenig Aufmerksamkeit, dass er sein Nachdenken unter beinahe allen Bedingungen fortsetzen konnte. Sein Assistent Max Eastman schrieb über ihn: ›Als Logiker ist Dewey am besten, wenn ein Kind ihm gerade die Hosenbeine hochklettert und ein anderes in seinem Tintenfass herumfischt.‹ Dadurch, dass er sich ein Apartment an der Ecke Broadway und 55. Straße genommen hatte, ein Apartment im 4. Stock, das auf beide Straßen hinausging, schaffte er es, sich mit hinreichend viel Lärm zu umgeben, um zu etwas Nachdenken zu kommen. Ich habe ihn gesehen, wie er, offensichtlich in tiefe Gedanken verloren, aus seinem Arbeitszimmer in die Mitte der alten Butler Bibliothek in die Philosophy Hall trat, sich plötzlich umsah, erkannte, wo er sich befand, und einen hilflosen Rückzug zurück in sein Büro antrat.

Er war der unprätentiöseste aller Menschen und in äußerster Verlegenheit, als Berühmtheit angesehen zu werden. In gewisser Weise blieb er sein ganzes Leben lang ein Bauer aus Vermont, der mit einem nachdenklichen Geist von ungewöhnlichen Proportionen begabt war. Ja, eine Zeitlang hatte er eine kleine Farm auf Long Island, wo er Hühner hielt und Gemüse zog und seine Produkte an seine Nachbarn verkaufte; und es gibt eine bekannte Geschichte, wie eine reiche Angehörige eines Frauenklubs, als er sich erhob, um vor ihrem Klub zu sprechen, ausrief: ›Ach nein, der sieht ja aus wie unser Eiermann!‹ Ich erinnere mich, dass ein Geistlicher in Philadelphia, der gehört hatte, dass der eminente Philosoph in seiner Nachbarschaft wohne, eines Nachmittags bei uns vorsprach, um seine Aufwartung zu machen, nur um auf eine unwahrscheinlich bukolische Gestalt in Hemdsärmeln und Hosenträgern zu treffen, die auf den Namen Dewey hörte und während des Gesprächs in ihrem Schaukelstuhl sanft einschlummerte. Dewey war ein Demokrat und ohne jede Eitelkeit. Mr. Barnes, eine derbe und lärmende Person, mit dem er sich glänzend verstand, sagte, dass er mit Dewey wie mit einem Barkeeper reden könne. Dewey war immer sehr bereitwillig, uns um Kritik an dem zu bitten, was er gerade schrieb, und da er unaufhörlich nachdachte, goss er mit Leichtigkeit und in einem steten Strom Artikel und Bücher aus. Wenn wir seine angeschlagene Schreibmaschine am Abend unentwegt klappern hörten, konnten wir Voraussagen, dass wir zum Frühstück wieder einen Artikel in der *New Republic* zur Lektüre und Kritik haben würden.

Als Redner war Dewey weder schüchtern noch aggressiv. Er war bereit zu reden, wenn er etwas zu sagen hatte, aber er gab sich keine Mühe, einfach so zu reden, und verabscheute es, sich bei Gelegenheiten produzieren zu müssen. In jenem Jahr 1917/18 arrangierte der Verwaltungsbeamte des Philosophie-Departments, John Coss, einen Ideenaustausch zwischen Studenten und der Fakultät über das Lehren von Philosophie, den wir graduierten Studenten mit eifrigem Interesse besuchten. Um die Diskussion des Abends abzuschließen, sagte Coss etwas über das Glück, das wir hätten, weil wir Amerikas führende Autorität über die Philosophie der Erziehung bei uns hätten, und bat Professor John Dewey ans Rednerpult. Es gab eine Pause und ein erwartungsvolles Geflüster. Dewey machte die Bemerkung, dass es seiner Meinung nach beim Lehren von Logik eine gute Sache sei, mit dem Studium von Fehlschlüssen zu beginnen – und dann schwieg er. Die Bemerkung war pointiert und belangvoll, aber war das alles, was wir hören sollten? Dewey war nicht disponiert, mehr zu sagen, und wenn er sich so fühlte, konnte er von außen nicht bewegt werden. Das war weder Gleichgültigkeit noch Eigenbrödelei; es gehörte zu seiner merkwürdigen Unfähigkeit, sich bei einem Publikum oder bei einer Gelegenheit einzuschmeicheln, irgendeine Rolle zu spielen, die nicht von dem Zustand seines Denkens in diesem Moment diktiert wurde. Es hing zusammen mit seiner speziellen Art von Integrität, die nicht einen Zentimeter vom Wege abwich, um sich selbst wichtig oder eindrucksvoll zu machen. Alles, was nach Feuerwerk aussah, war für Dewey unmöglich.

Ich habe mich gelegentlich gefragt, wie es kam, dass in einem Land, wo Popularität sich gewöhnlich um das Groteske, das Glamouröse und das Theatralische dreht, ein schlichter Philosoph, der diese Dinge verachtete, einen derart großen Namen und Einfluss gewinnen konnte. Er hatte nichts von dem Charme eines William James; seine Rede war nicht mitreißend und seine Gegenwart nicht eindrucksvoll; seine Prosa war ohne Anmut oder Glätte oder Funkeln. Nichtsdestoweniger war er zum Zeitpunkt seines Todes der einflussreichste amerikanische Philosoph. Wie ist das zu erklären? Zum Teil zweifellos durch die erstaunliche Reichweite und Fülle seiner Schriften. Zum Teil aber auch durch eine technische Kompetenz, die, trotz einer gewissen Lockerheit der Sprache, seine Kollegen beeindruckte und seinen Namen zu Tausenden von Menschen durchsickern ließ, die niemals auch nur eine Seite von ihm gelesen hatten. Aber viele Philosophen sind höchst produktiv und hoch angesehen gewesen, ohne mehr als nur einen Bruchteil von Deweys Einfluss zu erlangen. Der Grund seines Einflusses wurde deutlich, als die Universität von Paris ihn, als sie ihm im Jahre 1930 einen Grad verlieh, ›den profundesten und vollständigsten Ausdruck des amerikanischen Geistes‹ genannt hat. Das hat ihn zusammenzucken lassen, und wenn es ein wenig großsprecherisch ist, dann lassen Sie uns sagen, dass sein Erfolg aus dem glücklichen Zusammentreffen des Mannes mit der Zeit geboren wurde. Die

Amerikaner zu Deweys Lebzeiten hatten noch die Grenzen im Blut; sie waren eher geneigt zu handeln, als zu reflektieren, und waren misstrauisch gegen jeden, der es vorzog, in der Ecke zu sitzen und über das Weltall nachzudenken. Hier war ein Philosoph, der ihnen sagte, dass sie darin recht hatten, dass selbst eine Philosophie Resultate erzielen sollte und dass man besser auf sie verzichten sollte, wenn es ihr nicht gelang, sich in der Praxis zu bewähren. Die Erziehung war in Nöten, denn die Tradition, die in der kleinen roten Schule ihr Zentrum hatte, begann, fadenscheinig zu werden. Dewey produzierte, wie auf Verlangen, eine Erziehungsphilosophie, die Demokratie, Erziehung und Praxis zu einem stimulierenden Gebräu vermischte. Er war ein Demokrat, ein Liberaler und ein Sympathisant der Arbeiterschaft, als die Herausforderung an die großen Unternehmen akut war. Er war ein Humanist in der Religion, als der Darwinismus und seine Folgen die Glaubensbekenntnisse erschüttert hatten. Als erzieherischer Führer wurde er um Rat gefragt von den erwachenden Ländern wie der Türkei, Japan und China, als sie Rat brauchten zur Erziehungsreform. Deweys Fähigkeiten waren groß, aber ihre Wirkung wurde vergrößert durch sein glückliches Schicksal, im richtigen Zeitalter und am richtigen Ort zu leben.«

aus: *The Philosophy of Brand Blanshard*, hrsg. von Paul Arthur Schilpp, La Salle/Illinois 1980, S. 44–50.

Zweiter Teil: Das Projekt einer Rekonstruktion der Philosophie

Das System

1941, im Alter von 82 Jahren, sagte Dewey in einem Vortrag: »Ich finde, dass ich mit Hinblick auf den Zusammenhang verschiedener Probleme und verschiedener Hypothesen in einer durch einen definiten Gesichtspunkt bestimmten Perspektive ein System habe. Insofern muss ich abträgliche Bemerkungen, die ich in der Vergangenheit über die Notwendigkeit eines Systems in der Philosophie gemacht habe, zurücknehmen.« (*Nature in Experience*, 1940).

Wenn man einmal probehalber ein System wie Hegels *Enzyklopädie der philosophischen Wissenschaften* mit den wichtigsten Schriften Deweys vergleicht, fällt neben den deutlichen Parallelen vor allem ein Unterschied ins Auge: der zwischen Hegels Naturphilosophie und Deweys zahlreichen Schriften zu Fragen der Naturphilosophie. Hegel beschäftigt sich inhaltlich mit dem gesamten Bereich der Naturwissenschaften seiner Zeit, während Dewey sich auf diesem Gebiet sehr selektiv und lediglich referierend verhält. Aber zweifellos spielen die Methoden und Ergebnisse der modernen Naturwissenschaften für Deweys Denken eine zentrale Rolle. Nicht nur der Darwinismus, sondern auch die darauf beruhende Psychologie William James' sind von prägendem Einfluss gewesen; ebenso kommt Dewey immer wieder auf bestimmte Theorien der modernen Physik zu sprechen. Die

Parallele zwischen seinen Schriften zur Natur des Menschen und der kulturellen Entwicklung und der Philosophie des subjektiven und objektiven Geistes bei Hegel dagegen ist sehr eng. Aber welches ist der Gesichtspunkt, unter dem diese Schriften eine Einheit bilden?

Hegel	**Dewey**
Logik	*Logik*
Philosophie der Natur	*Erfahrung und Natur*
Philosophie des Geistes	
Der subjektive Geist	
Anthropologie Phänomenologie des Geistes Psychologie	*Die menschliche Natur* *Demokratie und Erziehung* *Wie wir denken*
Der objektive Geist	
Das Recht Die Moralität Die Sittlichkeit	*Die Öffentlichkeit und ihre Probleme* *Ethik* *Individualismus, alt und neu* *Liberalismus und soziales Handeln* *Mensch oder Masse*
Der absolute Geist	
Die Kunst Die geoffenbarte Religion Die Philosophie	*Kunst und Erfahrung* *Ein allgemeiner Glaube* *Die Suche nach Gewißheit* *Die Erneuerung der Philosophie* *Deutsche Philosophie und Politik*

Der Reflexbogen

Die Elementareinheit des Verhaltens (1896)

1896 veröffentlichte Dewey einen Aufsatz unter dem Titel *The Reflex Arc Concept in Psychology*, den er später unter dem Titel *The unit of behavior* in den Sammelband *Philosophie und Zivilisation* aufnahm. Dieser Aufsatz wurde 1942 in der Zeitschrift *Psychological Review* von siebzig der prominentesten amerikanischen Psychologen zum einflussreichsten Aufsatz in der fünfzigjährigen Geschichte dieser Zeitschrift gekürt. Zum Zeitpunkt der Abfassung des Aufsatzes war Dewey 36 Jahre alt und dieser Aufsatz beileibe keine Jugendarbeit mehr. Vielmehr lassen sich von daher am besten seine entscheidenden Einsichten ableiten, die das spätere Werk charakterisieren.

Vor allem seit den Arbeiten von Marshall Hall (1790–1857) hatte sich der Reflexbogen als physiologische Grundlage der Verhaltenssteuerung herauskristallisiert. Hall hatte ihn in drei Komponenten zerlegt, einen sensorischen Teil, eine Umschaltregion und einen motorischen Teil.[11] Dewey selbst hat keinen Zweifel, dass der Reflexbogen die elementare Einheit ist, aus der sich die komplizierten Fähigkeiten des menschlichen Geistes aufbauen, hält aber die Deutung, die die Psychologie bis dahin von diesem Reflexbogen gegeben hat, für unzulänglich. Für ihn führt eine solche Analyse zu einem Zerfallen in drei Teile, deren Verbindung völlig ungeklärt ist oder gar die Intervention einer »Seele« verlangt. Deshalb bemüht er sich, an die Stelle dieses »Bogens« einen »Schaltkreis« (*circuit*) zu setzen, einen sich stetig erweiternden Kreis von Reiz und Reaktion, der zu einer ständigen Anreicherung der Erfahrung und damit zu einer immer reicheren Welt führt.

[C] Als Wirbeltier besitzt die Katze ein Zentralnervensystem mit Gehirn und Rückenmark. Es ist mit einem weitverzweigten Nervennetz verbunden. Ein Teil der Informationsverarbeitung findet bereits innerhalb des Rückenmarks statt, wie der Reflexvorgang zeigt. Wird der Rezeptor einer Sinneszelle gereizt, wandert ein Impuls über sensorische Neuronen (1) in Nervenfasern (3) bis in das Rückenmark (2). Innerhalb der grauen Substanz (4) löst der Impuls über das motorische Neuron (5) sofort einen Reflex im entsprechenden Muskel (6) aus.

[D-E] Nervenimpulse werden über Neuronen [D] durch einen elektrochemischen Prozeß weitergegeben. Findet eine Ladungsumkehrung an der Nervenmembran (Aktionspotential) statt, bewegt sich der ausgelöste Impuls in einem motorischen Neuron von den Dendriten (1) zur Synapse (2, vergrößert in [E]) der Kontaktstelle mit einem anderen Neuron. An der präsynaptischen Endigung werden aus kleinen Bläschen (3) durch die Membran (4) Überträgersubstanzen (Neurotransmitter) in den synaptischen Spalt (5) zwischen den beiden Nervenzellen abgegeben. Die Neurotransmitter lösen an der subsynaptischen Membran (6) des anderen Neurons (7) ein Aktionspotential aus, das als Impuls weiterwandert. Die Erregung eines Muskels geschieht durch ein motorisches Neuron. Der Nervenimpuls wird als Aktionspotential an der Membran, die die Zelle (8) mit dem Zellkern (9) umschließt, weitergeführt. Er läuft das Motoaxon (10) entlang. Das Axon wird von einer Schwannschen Zelle (12) umgeben, deren Ausläufer aus Myelin (11) mehrfach um das Axon herumgewickelt ist. Mit den Muskelfasern ist das Motoaxon über eine neuromuskuläre Endplatte (13) verbunden – eine Synapse (14) zwischen dem Axon und den Muskelfasern (16). Die Erregung wird über den synaptischen Spalt (15) durch Neurotransmitter (17) an den Muskel übertragen.

Abb. 1 aus: Enzyklopädie der Natur, Niedernhausen/Ts. 2001, S. 284-285.

Er ersetzt folglich die Summe oder die Addition »Empfindung – Idee – Bewegung« durch den Begriff der Koordination und illustriert die sich daraus ergebende Veränderung an dem von William James stammenden Beispiel von dem Kind, das nach einer leuchtenden Kerzenflamme greift.

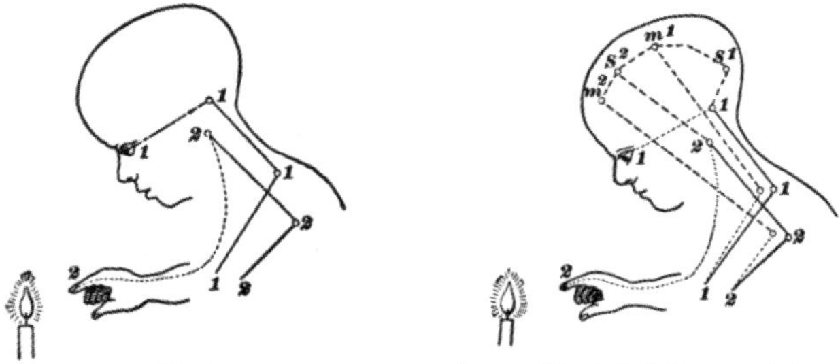

FIG. 3.

FIG. 4.—The dotted lines stand for afferent paths, the broken lines for paths between the centres; the entire lines for efferent paths.

Abb. 2 aus: W. James, *Principles of Psychology*, Bd. I, S. 37.

»Die gewöhnliche Interpretation würde sagen, die Empfindung des Kerzenlichts ist ein Reiz für das Ausstrecken der Hand als Reaktion, das resultierende Sich-Verbrennen ist ein Reiz für das Zurückziehen der Hand als Reaktion usf.« Die »klassische« Interpretation (Dewey erwähnt Baldwin) sieht also so aus:

Peripherer Reiz → zentrale Aktivität → motorische Reaktion
(Empfindung) → (Idee) → (Akt)

Aber genau betrachtet setzt der sensorische Reiz nicht nur das Hinblicken zum Objekt, also eine motorische Bewegung, voraus, sondern schon eine lange Geschichte der Kooperation von Auge und Hand:

»Das Ausstrecken der Hand seinerseits muss das Sehen sowohl stimulieren wie kontrollieren. Das Auge muss auf die Kerze gerichtet bleiben, wenn der Arm seine Arbeit tun soll; sobald es wandert, übernimmt der Arm eine andere Aufgabe. Mit anderen Worten, wir haben die Koordination jetzt erweitert und transformiert; der Akt besteht nicht weniger als zuvor im Sehen, aber er besteht nun im Sehen-um-Zwecke-zu-erreichen. Es gibt nach wie vor einen sensorisch-motorischen Schaltkreis – einen mit mehr Inhalt oder Wert, nicht die Ersetzung eines sensorischen Reizes durch eine motorische Reaktion.«

Dewey zieht daraus einen Schluss, der das Zerfallen in drei aufeinander folgende Phasen verhindern soll: Es wird nicht die eine Erfahrung (die Lichtempfindung) durch eine andere Erfahrung ersetzt, sondern die Erfahrung wird erweitert – Dewey sagt »vermittelt«: »Die so genannte Reaktion ist nicht lediglich eine Reaktion auf den Reiz; sie ist sozusagen eine Reaktion in ihn hinein. Das Sich-Verbrennen ist das ursprüngliche Sehen, die ursprüngliche optisch-okulare Erfahrung, deren Wert erweitert und transformiert worden ist. Es ist nicht länger bloßes Sehen; es ist Sehen eines Lichts, das Schmerz bedeutet, wenn Kontakt eintritt.« An die Stelle der Summe tritt also die Koordination:

Koordination:

Ein Reiz entsteht in Wirklichkeit aus einer vollständigen Koordination, er tritt als eben *dieser Reiz* nur im Zusammenhang mit bestimmten Erfahrungen auf – ein Geräusch wird anders empfunden, wenn man auf es wartet, als wenn man durch es aus der Lektüre eines Buches aufgeschreckt wird. Mit anderen Worten, die Reaktion bestimmt überhaupt erst den Reiz, sie wählt aus der unendlichen Vielfalt von Möglichkeiten diejenige, die sich an die vorhergehende oder bestehende Erfahrung anschließen lässt. »Tatsächlich findet die Bewegung nur deswegen statt, um den Reiz zu bestimmen, um zu fixieren, welche Art von Reiz es ist, um ihn zu interpretieren.« Bewegung und Reaktion sind nur flexible *Funktionen*, keine festen, voneinander abgetrennten Phasen.

Diese Art von Funktionalismus ist konstitutiv für Deweys organischen Schaltkreis. Rein physiologisch gesehen handelt es sich nur um eine Neuverteilung von Energie. Wenn wir von einem Reflex reden, dann deshalb, weil wir diesen Bewegungen eine bestimmte Zielrichtung, eine Deutung unterlegen. »Tatsache ist, dass Reiz und Reaktion nicht Unterscheidungen von Dingen, sondern teleologische Unterscheidungen sind, das heißt Unterscheidungen der Funktion oder Rolle mit Bezug auf das Erreichen oder Aufrechterhalten eines Ziels.« Anders gesagt, »nur die angenommene gemeinsame Beziehung auf ein umfassendes Ziel [...] [kennzeichnet] jedes Glied entweder als Reiz oder als Reaktion; ohne eine solche Beziehung [haben wir] nur Antezedenz und Konsequenz [...]; mit anderen Worten, [...] die Unterscheidung [ist] eine Unterscheidung der Interpretation.«

Hier kommt ein Moment ins Spiel, das für Dewey sehr wichtig ist, die temporale Abfolge der Erfahrung. Eine Erfahrung hat einen zeitlichen Verlauf, sie ist ein Prozess, bei dem man in die früheren Stufen nicht hineinlesen darf, was sich erst auf den späteren Stufen einstellt. »Der Reiz muss konstituiert werden, damit die Reaktion erfolgt. Bei genau diesem Stand der Dinge und aufgrund seiner entsteht die Unterscheidung von Empfindung als Reiz und Bewegung als Reaktion.« So wird das angestrebte Ziel zu dem eigentlichen Reiz. Aus diesem Gesichtspunkt ist die Entdeckung des Reizes die ›Reaktion‹ auf eine mögliche Bewegung als ›Reiz‹:

»Wir müssen eine antizipatorische Empfindung, ein Bild von den Bewegungen haben, die vorkommen können, zusammen mit ihren jeweiligen Werten, bevor die Aufmerksamkeit sich auf das Sehen richtet, um es als eine Empfindung von Licht aufzubrechen und zwar von Licht dieser bestimmten Art. Es sind die angefangenen Aktivitäten des Greifens, die, durch den Konflikt in der Koordination gehemmt, sich sozusagen auf das Sehen zurückwenden und es davon abhalten, in einen weiteren Akt überzugehen, bis seine Qualität bestimmt worden ist. Genau hier wird der Akt als objektiver Reiz in Empfindung als *möglichen* oder bewussten Reiz verwandelt. Genau hier entsteht auch Bewegung als bewusste Reaktion.«

Hier liegt die entscheidende Stelle für das Auftreten von Bewusstsein und Begriff: Einen Begriff von etwas zu haben heißt über eine Reihe anfangender Bewegungen zu verfügen. (Dieselbe Auffassung hat auch George Herbert Mead.) Die Lösung des Problems der Koordination besteht also in der Konstituierung des Reizes; da weder Reiz noch Reaktion eigene Realitäten, sondern nur Funktionen sind, *besteht* der Reiz *nicht*, sondern wird aus der Absicht *hergestellt*. So kann Dewey zusammenfassend sagen: »Die Koordination vereinheitlicht, was uns der Reflexbogenbegriff nur in unverbundenen Fragmenten gibt. Unterscheidungen von Reiz und Reaktion fallen in den Schaltkreis als funktionale Phasen seiner eigenen Vermittlung oder Vollendung.«

Die wirkliche Bedeutung dieses Aufsatzes zeigt sich erst in der Folge. Er bildet die eigentliche Grundlage für Deweys Naturalismus und das heißt für die Aufhebung einer Trennung von Körper und Seele, wie sie für die traditionelle Philosophie seit Descartes charakteristisch war. Dewey verwendet die so gedeutete Reflexbogentheorie einerseits dazu, um den pragmatistischen Ansatz auf die Theorie der Realität auszudehnen, also in seiner Metaphysik, andererseits als Grundlage für seine Logik und seine Theorie des Geistes.

Der erste Gesichtspunkt zeigt sich an seiner Auseinandersetzung mit Henri Bergson, dessen *Materie und Gedächtnis* sicher eines der bedeutendsten Zeugnisse für eine europäische Variante des Pragmatismus ist. Dewey setzt sich mit diesem Werk in *Wahrnehmung und organische Handlung* (1912) auseinander – übrigens ein Zeichen des außerordentlichen Einflusses, den Bergson auf die damalige gelehrte Welt, vor allem aber auch auf Dewey ausübte. (»Jeder Leser Bergsons – und wer liest heute nicht Bergson?« beginnt der Aufsatz; einige Jahre später ist Bergson neben James und Russell der dritte zeitgenössische Philosoph, über den Dewey in Japan berichtet.)

Wahrnehmung und organische Handlung (1912)

In der Auseinandersetzung mit Bergsons *Materie und Gedächtnis* geht es um mehr als nur die Erklärung der Wahrnehmung; es geht darum, ob das, was Realität heißt, einen »praktischen« Charakter hat, oder ob wir eine besondere Erkenntnisart brauchen, um uns in die Realität hineinzuversetzen, also die, welche Bergson »Intuition« nennt. Dewey stimmt mit Bergson in dem Punkt überein, dass Wahrnehmung am besten als Faktor der organischen Handlung erklärt werden kann, sieht aber das Vorgehen Bergsons als nicht konsequent an, weil Bergson mit der Intuition eine weitere Erkenntnisart ins Spiel bringt – eine rein theoretische Vision des Realen.

Die Übereinstimmung mit Bergson sieht er in Bergsons Bemerkung: »Stellen wir dagegen den wahren Charakter der Wahrnehmung wieder her, weisen wir in der reinen Wahrnehmung ein System beginnender Handlungen nach, das seine Wurzeln tief in der Wirklichkeit hat, so wird diese Wahrnehmung sich von der Erinnerung radikal unterscheiden und die Realität der Dinge wird nun nicht mehr konstruiert oder rekonstruiert, sondern erfasst, durchdrungen, erlebt.«

Für Bergson ergibt sich ein richtiges Verständnis der Wahrnehmung dann, wenn man einen lebendigen Körper mit seinen speziellen Interessen einführt. Die Aktivität des Organismus erlaubt, dass alle Einflüsse, alle Bewegungen von Gegenständen, die keinerlei Interesse für ihn haben, unmittelbar durch ihn hindurchgehen. Im Hinblick auf sie ist er ein neutraler Leiter:

»Aber diejenigen Bewegungen, die für ihn von Bedeutung sind, werden ausgesondert, losgelöst. Sie werden sozusagen aufgehalten, wie ein Wegelagerer sein auserwähltes Opfer aufhält, bevor er an ihm die räuberische Tätigkeit ausübt, die einen Wegelagerer definiert. Dieses Aufhalten und Abtrennen macht die Eigenschaften der Dinge, mit denen es befasst ist, deutlich: Sie werden dann wahrgenommen. Von dieser Interpretation der Wahrnehmung aus sind ihre Hauptzüge hergeleitet. Sie ist direkt mit physischen Dingen befasst, da keine geistigen Bilder dazwischentreten; die wahrgenommenen Objekte werden um unseren Körper als ihren Mittelpunkt herum angeordnet; sie variieren mit Veränderungen des Körpers; das Ausmaß des wahrgenommenen Feldes wächst mit dem Wachstum in der Vielfalt und Reichweite unserer organischen Interessen. Vor allem ist die Wahrnehmung primär eine Tatsache der Handlung, nicht der Erkenntnis.«

Soweit ist die Wahrnehmung also lediglich eine Subtraktion von der gesamten Fülle des Gegenstands, von seinem Vorhandensein, und steht damit in einem abträglichen Kontrast zur wahren Erkenntnis der Realität. Die Wahrnehmung eines Organismus besteht darin, dass er eine interessierte Auswahl trifft, die seinen möglichen Handlungen entspricht, den Rest dagegen durch sich hindurchgehen lässt.

Nun zeigt die Theorie Bergsons aber auch eine ganz andere Auffassung von der Wahrnehmung. Bergson verfolgt explizit das Ziel, die Indeterminiertheit der Handlung, die in dieser Definition von Wahrnehmung enthalten ist – schließlich können wir je nach Interesse immer mehr von der Fülle des Wahrnehmungsgegenstands zur Kenntnis nehmen –, aus der Möglichkeit einer verzögerten Reaktion zu erklären. Er hat dabei ein Modell der menschlichen Handlungen vor Augen, das einer »Telefonzentrale« nachgebildet ist:

Der Reiz trifft auf die Sinnesorgane ⟶ Es erfolgt eine Auswahl unter verschiedenen möglichen motorischen Antworten ⟶ Die Reaktion setzt ein.

Aber die Behauptung, Wahrnehmung sei nur eine quantitative Verminderung des Gegenstands, steht in einem Widerspruch zu der Annahme, der Gegenstand scheine uns unsere Möglichkeiten widerzuspiegeln. Denn sowohl Subjekt wie Objekt des Wahrnehmungsaktes sind von Möglichkeit, von Virtualität umgeben; das Subjekt hat verschiedene Handlungsmöglichkeiten, die es auf das Objekt überträgt: »Wahrnehmung, in unserem Sinne verstanden, entspricht *unserer möglichen Wirkung auf die Dinge und daher auch umgekehrt der möglichen Wirkung der Dinge auf uns.*« Das ist aber etwas ganz anderes als nur eine quantitative Verminderung, es ist eine qualitative Veränderung des Gegenstands.

Diese beiden Deutungen stehen also in einem Widerspruch zueinander. In der einen Deutung wird dem Gegenstand nichts hinzugefügt, sondern er gibt nur etwas von seiner Fülle auf; es tritt nichts Neues auf. In der anderen Deutung wird aber dem

Gegenstand etwas hinzugefügt: Die Unbestimmtheit der Handlung verweist auf das operative Vorhandensein echter Möglichkeiten, auf Virtualität. Je größer die Möglichkeit einer verzögerten Reaktion, desto unabhängiger wird die Wahrnehmung von einer direkten Berührung. »Aus dem Grade der Unabhängigkeit, über die ein Lebewesen verfügt, oder wie wir sagen wollen, aus der Größe der Zone von Indeterminiertheit, die seine Aktivität umgibt, lässt sich *a priori* auf die Zahl und Entfernung der Dinge, mit denen es in Beziehung steht, schließen. [...] Wir können also folgendes Gesetz formulieren: *die Wahrnehmung beherrscht den Raum genau in dem Verhältnis, in dem die Tat die Zeit beherrscht.*« Bergson fasst das zwar als eine bloße Subtraktion auf, aber in seiner Formulierung steckt eine ganz andere Möglichkeit, nämlich die Möglichkeit, dass die Dinge der Wahrnehmung unsere möglichen Wirkungen auf sie widerspiegeln. So heißt es bei Bergson: Um meinen Körper herum »ordnen sich die Vorstellungen, das heißt seine [des Körpers] *eventuellen* Einflüsse auf die anderen Bilder [Objekte]«. Von der Wahrnehmung wird gesagt, sie sei »Ausdruck und Maß für die Aktivität des Lebewesens, für die Indeterminiertheit der Bewegung oder Handlung, *die auf die aufgenommene Reizung folgt*«. An anderer Stelle: »Wahrnehmen würde also heißen, aus der Gesamtheit der Gegenstände die mögliche Wirkung meines Körpers auf sie abzulösen.« Am bezeichnendsten vielleicht ist Folgendes: »Wahrnehmung, in unserem Sinne verstanden, entspricht *unserer möglichen Wirkung auf die Dinge und daher auch umgekehrt der möglichen Wirkung der Dinge auf uns.*«

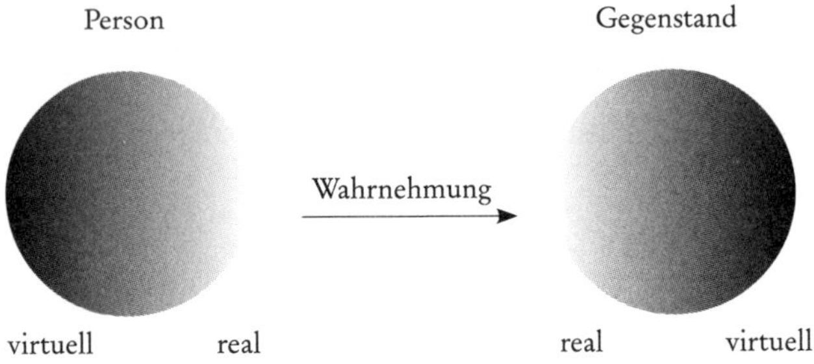

Abb. 3: Bergsons Modell

Dewey verknüpft diesen Gedanken mit der Auffassung, die wir schon aus dem *Reflexbogenkonzept* kennen: Wahrnehmung ist nicht die Vorstellung eines fertig gegebenen Gegenstands, sondern selbst ein Wählen, ein Wahlakt: In der Wahrnehmung bestimmen wir erst unsere Reaktion, Wahrnehmung ist ein antizipatorischer Akt, der uns die zukünftigen Konsequenzen unserer Handlung vor Augen führt:

»Wenn wir uns die Freiheit nehmen, mit der Vorstellung zu spielen, wahrgenommene Objekte präsentierten unsere *eventuelle* Wirkung auf die Welt oder bezeichneten unsere möglichen Handlungen auf die Umwelt, ahnen wir etwas von einer Komplikation, von einer qualitativen Änderung. Denn die einzige Art, wie Objekte denkbarerweise unsere zukünftigen Handlungen bezeichnen könnten, wäre dadurch, dass sie uns die objektiven Wirkungen dieser Handlungen vor Augen führten; das heißt dadurch, dass sie zeigen, wie sich die vorherige Umwelt durch unsere Reaktionen verändert hat. Wahrnehmung wäre antizipatorisch, prognostisch; sie stellte uns vorweg die Konsequenzen unserer möglichen Handlungen dar. Sie würde dadurch eine Auswahl unter ihnen erleichtern, da der Akt, die sich aus den beginnenden Aktivitäten ergebenden Konsequenzen vorweg kritisch einzuschätzen, sicherlich unsere endgültige Handlung affizieren würde.«

Mit anderen Worten: *Was* wir wahrnehmen, ist nicht einfach das Material, auf das wir wirken *können*, sondern Material, das uns die Konsequenzen unseres jeweiligen Handelns widerspiegelt. Im Unterschied zu Bergson müssen wir also, was den *Akt* der Wahrnehmung betrifft, einen Akt des Wählens an die Stelle eines vollzogenen Wahlakts setzen. »Wahrnehmung besteht nicht aus einem momentanen Akt, ein Feld auszuschneiden, indem man seine wirklichen Einflüsse unterdrückt und seine virtuellen Einflüsse zum Vorschein kommen lässt, sondern ist ein Prozess der Bestimmung des Indeterminierten.«

Damit hat Dewey den Widerspruch bestimmt, den er bei Bergson sieht. Einerseits ist das Objekt der Wahrnehmung für ihn *real*, andererseits legt er Wert auf die Indeterminiertheit der Handlung; durch die Übertragung der Potentialität der Handlung auf das Objekt wird dieses zu einem *virtuellen Objekt*. Die Wahrnehmung drückt also in Wahrheit *unsere eventuelle Wirkung* auf die Dinge aus, sie ist keine Verminderung der Realität der Gegenstände. Anders gesagt: Offiziell behauptet Bergson die Realität des Wahrnehmungsgegenstands als eines Gegenstands der Erkenntnis, aber sobald er von der Indeterminiertheit der Handlung spricht, ist er gezwungen, den Gegenstand zu einem virtuellen Gegenstand unserer Handlung zu erklären. Das heißt aber, die Gegenstände zeigen uns nicht die schon fertige Realität, sondern eine von uns erst zu schaffende. Es geht also in Wirklichkeit um den praktischen Charakter der Realität, das heißt darum, dass die Handlung in der Realität »einen Unterschied macht«: Die Welt ist nicht schon fertig, sondern sie wird erst in der Zukunft zu dem, was sie ist.

Dewey wirft Bergson folglich das Oszillieren zwischen diesen beiden Ansichten vor: Einmal ist der Gegenstand für ihn schon fertig und damit Gegenstand einer Erkenntnis; das andere Mal wird der Gegenstand durch und für das Handeln erst konstituiert. Die Virtualität des Gegenstands ist nicht eine Eigenschaft des Gegenstands selbst, sondern die Übertragung unserer Handlungsmöglichkeiten auf ihn. Man kann Bergsons Ansicht in folgender Form wiedergeben:

(1) Die Indeterminiertheit der Handlung eines lebenden Wesens dient dazu, seine motorischen Reaktionen zu verzögern. Diese Verzögerung schafft Raum für Überlegung und Wahl. Sie bietet die Gelegenheit für die bewusste Auswahl einer bestimmten Entscheidung – für Handlungsfreiheit.
(2) Aber die Verzögerung der motorischen Reaktion bezeichnet auch etwas vom Standpunkt der Welt; nämlich eine Trennung in ihr. Gewisse Bewegungen werden immer noch durch den Organismus hindurch und über ihn hinaus fortgesetzt. Im Hinblick auf sie gibt es keine verzögernde Reaktion. Infolgedessen werden jene anderen Bewegungen der Welt, auf welche die Reaktion aufgeschoben wird, abgetrennt; sie werden deutlich hervorgehoben, ausgeschnitten.
(3) Das Material, das auf diese Weise hervortritt, repräsentiert genau die Bewegungen, auf welche die möglichen oder verzögerten Reaktionen des Organismus eine Wirkung ausüben können. Material, das auf diese Weise ausgeschnitten wird und einen derartigen Bezug auf nachfolgende organische Aktionen hat, macht die reine Wahrnehmung aus.

Deweys eigene Ansicht dagegen ist folgende:

(1) In den Aktivitäten eines Organismus sind äußerliche Bewegungen enthalten. Wenn und insoweit diese Aktivitäten indeterminiert sind, besteht weder ein totaler oder adäquater Reiz in den Bewegungen noch eine adäquate totale Reaktion

durch den Organismus. Adäquate Stimulierung und adäquate Reaktion sind beide verzögert.

(2) Die Partialreaktionen sind freilich weder lediglich beliebig auf die Umwelt verstreut, noch sind sie lediglich möglich. Sie sind auf die Partialreize gerichtet, um sie in einen einzelnen koordinierten Reiz zu *verwandeln.* Dann erfolgt eine Gesamtreaktion des Organismus.

(3) Diese funktionale Transformation der Umwelt unter Bedingungen ungewisser Handlung in Bedingungen für die Bestimmung einer angemessenen organischen Reaktion macht Wahrnehmung aus.

Welcher Unterschied besteht zwischen diesen beiden Ansichten?

- Nach der Ansicht Bergsons *ist* die Wahrnehmung ein fertiger und vollständiger Reiz.
- Nach der Ansicht Deweys operiert sie, um einen Reiz zu *konstituieren.*
- Nach der Ansicht Bergsons stellt das Objekt oder der gegebene Reiz lediglich ein Problem, eine Frage, und der Prozess, eine angemessene Antwort oder Reaktion zu finden, liegt gänzlich beim Organismus.
- Nach der Ansicht Deweys ist der Reiz oder das wahrgenommene Objekt ein Teil des Prozesses, die Reaktion zu bestimmen; ja, in seiner wachsenden Vollständigkeit ist er die Bestimmung der Reaktion.

Was man die Reaktion eines Organismus auf einen Reiz nennt, ist also in Wirklichkeit eine Art Schaltkreis; intelligentes Handeln besteht darin, die Reaktion zu *wählen*, indem man die Reize dafür auswählt – das ist im Umriss schon in dem früheren Aufsatz über die Reflexbahn angedeutet worden. Während dieses Prozesses laufen die Partialreaktionen weiter, es ist die Aufgabe des Gehirns, sie zu koordinieren; so sind die sinnlichen Vorstellungen, die einzelnen Wahrnehmungen im Verlauf dieses Prozesses nur das Material, das dem weiteren Verlauf der Reaktionen dient, also nur funktional ist. »Es weist auf, was der Organismus getan hat, aber weist es mit den Qualitäten auf, die als ein Teil des Prozesses an ihm haften, zu bestimmen, was der Organismus zu tun hat.«

Wahrnehmung als Wahl

Dewey fasst diese Untersuchungen in der Feststellung zusammen: Die Bestimmung des Wahrnehmungsgegenstands ist das Ergebnis einer Wahl. Bergson freilich wechselt ständig zwischen dem möglichen Gesamtgegenstand und dem wirklichen Teilgegenstand hin und her. Er wird zu dieser Ansicht gezwungen, weil für ihn ein Gegenstand eine Menge fertiger Reize darstellt, auf die der Organismus reagieren muss. Und wo bleibt dann die Freiheit der Wahl? Sie muss in den möglichen Akten liegen, anders auf das wahrgenommene Objekt zu reagieren.

Dewey wendet dagegen ein, dass der Reiz noch gar nicht besteht: »Die zirkuläre Argumentation wird verschwinden, [...] sobald an die Stelle des Hinundherwechselns zwischen einer gegenwärtigen und einer zukünftigen Wahl, die ihren Charakter der jeweils anderen verdankt, ein temporaler Wahlakt, das heißt ein *Wählen* gesetzt wird.« Es ist also nur konsequent, wenn Bergson die Möglichkeit des Wählens, die das Subjekt kennzeichnet, auf das Objekt überträgt; das wahrgenommene Objekt spiegelt unseren Zustand der Spannung, des Zögerns, die Bedingungen, im Hinblick auf die wir wählen müssen, wider. Daraus ergibt sich aber eine Zwangslage: Da die unwahrgenommene Welt definitionsgemäß vollkommen wirklich in sich selbst ist – mit anderen Worten, da die Welt als physische Welt sich schon entschieden hat –, impliziert diese Übertragung der Virtualität des Subjekts auf das Objekt die Einführung einer Qualität in die wahrgenommene Welt, die zum Begriff einer bloß quantitativen Selektion in Widerspruch steht. Die Wahl hat schließlich doch etwas Positives bewirkt.

Deweys Lösung dieser Schwierigkeit ist uns schon vertraut. »Man beachte, wie die Schwierigkeiten verschwinden, wenn wir den Akt des Wahrnehmens als einen temporalen Akt, als ein *Wählen* betrachten. Man gehe der Idee buchstäblich bis zu Ende nach, dass unsere Reaktionen *ungewiss* sind, nicht lediglich ›ein Abwarten zulassen‹, sondern Abwarten *beinhalten.*« Auf diese Weise ist auch die Indeterminiertheit der Wahl erklärlich: Ein Objekt wahrzunehmen heißt, gedanklich Konsequenzen der Verwirklichung dieser oder jener Möglichkeit vorwegzunehmen. Und nur durch eine Vorwegnahme der objektiven Konsequenzen einer möglichen Wirkung kann ein Organismus zu einer Auswahl aus Handlungen veranlasst werden, die weder rein mechanisch noch rein willkürlich ist. Die Wahrnehmung eines Gegenstands ist keine endgültige Wahl, sondern ein Prozess des Wählens. Die Reaktionen, die hier als möglich erscheinen, sind nicht lediglich aufgeschoben, sondern wirken sich schon in der Qualität der gegenwärtigen sensorisch-motorischen Reaktionen aus. Der wahrgenommene Gegenstand »ist nicht einfach eine Manifestation von Bedingungen, die den organischen Reaktionen vorausgehen, sondern deren Transformation in Richtung auf weitere Handlung«.

Auf einen Aspekt dieser bemerkenswert scharfsinnigen Rezension – der ausführlichsten, die Dewey je einem Autor hat zuteil werden lassen – mag noch hingewiesen werden. Von *einem* Standpunkt aus soll Bergsons gesamte Diskussion als Beweis dienen, dass das Gehirn nicht die Ursache kontinuierlicher Vorstellungen, sondern das Organ und das einzige Organ einer gewissen Art des Handelns ist. Das ist ein Punkt, in dem Dewey ihm zustimmt. Das Gehirn drückt die Operation aus, *eine* Art von totaler Reaktion aus einer Anzahl von miteinander streitenden und partiellen Reaktionen zu organisieren. Allerdings liegt das Entscheidende nicht in der motorischen Reaktion als solcher, sondern darin, dass die sensorischen Bahnen die Sinne zu etwas anhalten.

Aufschub und Wahl, die den Akt der Wahrnehmung konstituieren, kann es nur deshalb geben, weil ein einlaufender Reiz in eng miteinander verknüpfte *sensorisch*-motorische Areale weitergeleitet wird. Dieser Akt ist ebenso echt motorisch wie Essen, Gehen, Einen-Nagel-Einschlagen oder das Verfeuern von Brennstoffen, also äußerliche Tätigkeiten, und beinhaltet auch eine ähnliche Veränderung in der Umwelt, auf die er sich auswirkt. Aber seine motorische Eigentümlichkeit besteht darin, dass er nicht in Akten wie Essen, Gehen, Fahren, Feuern, sondern in Akten wie Schmecken, Sehen oder Berühren wirksam wird.

Solange der Vorgang der Wahrnehmung dauert, ist die motorische Reaktion darauf gerichtet, *die Sinnesorgane zu bewegen*, um auf diese Weise einen Reiz für eine vollständige organische Neuanpassung zu sichern und zu vervollkommnen. Dies wird genau insoweit möglich gemacht, als der einlaufende Reiz nicht in motorische Bahnen, sondern in sensorisch-motorische Areale »verstreut« wird. In den wechselseitigen Interaktionen dieser sensorisch-motorischen Areale (ihrer wechselseitigen Stimulierung) findet sich der Mechanismus, der eine Anzahl vorhandener, aber nicht wirksamer motorischer Tendenzen in einer effektiven Reaktion koordiniert.

Angenommen, der Reiz erreicht das Gehirn vermittels des Sehorgans. Wenn er direkt auf den motorischen Apparat der Augen einwirkt, erfolgt keine Wahrnehmung, sondern eine Augenbewegung. Aber gleichzeitig mit dieser Reaktion kommt es auch zu einer Zerstreuung in die Areale, die mit Tasten, In-die-Hand-Nehmen und Berühren verbunden sind. Unter allen diesen Zentren findet jetzt eine Wechselwirkung statt, aber keine dieser partiellen motorischen Entladungen kann zu einem Ende gelangen und auf diese Weise die gesamte Richtung einer organischen Aktivität sozusagen diktieren, bis sie mit den anderen koordiniert worden ist. Ein Vorgang wie beispielsweise Essen hängt von einem früheren Akt des In-die-Hand-Nehmens ab, dieser von einem Akt des Hand-Ausstreckens und dieser von einem Akt des Sehens; während der Akt des Sehens, der notwendig ist, um die anderen zu einer entsprechenden Ausführung zu stimulieren, nur auftreten kann, wenn er seinerseits durch die anderen Handlungstendenzen stimuliert wird. Hier besteht ein Zustand der Hemmung. Die verschiedenen Tendenzen warten aufeinander und geraten einander auch in die Quere. Der sensorisch-motorische Apparat liefert nicht nur die Bedingungen dieses Zirkels, sondern auch einen Ausweg daraus.

Die Möglichkeit beruht darauf, dass durch die Erregung der verschiedenen Areale eine Art Probehandlung durchgeführt wird. Die Erregung des optischen Areals führt die *Qualität* des Sehens ein, die (durch die gleichzeitige Erregung der Areale des Ausstreckens, Schmeckens und In-die-Hand-Nehmens) mit den spezifischen *Qualitäten* der anderen Akte verbunden ist. Die *Qualität* der Bewegung oder Handlung, die durch den sensorischen Aspekt bereitgestellt wird, ist praktisch eine Antizipation des Resultats des offen verrichteten Aktes. Es ist so, *als wenn* die fraglichen offenen Reaktionen tatsächlich ausgeführt worden wären.

Man kann dieser kurzen Skizze vielleicht entnehmen, dass Dewey sich bemüht, alle »mentalen« Vorgänge auf der Basis der Reflexbogentheorie zu rekonstruieren. An die Stelle von bleibenden oder dauernden Vorstellungen und Begriffen treten jetzt flüchtige Vorgänge, die allein durch ihre Stellung in einem Prozess bestimmt sind, durch ihre funktionale Stellung. Deshalb betont Dewey immer und immer wieder die Wichtigkeit der temporalen Abfolge einer Erfahrung.

Was ist Pragmatismus?

Dewey war davon überzeugt, dass die Idee des Reflexbogens eine Revolution in der Erkenntnistheorie herbeiführen müsse und werde. Platon und Aristoteles, Augustinus und Thomas von Aquin, Descartes und Hobbes, Locke und Hume, Kant und Schopenhauer: Alle Erkenntnistheoretiker von der Antike bis zur Neuzeit stellten sich den Erkenntnisakt als eine Art Repräsentation des Gegenstands im Bewusstsein vor, eben als Vorstellung (*repraesentatio*). Einen Gegenstand zu erkennen heißt, sich eine zutreffende Vorstellung von ihm zu machen – eine Repräsentation. William James hatte diese Theorie als Abbildtheorie der Wirklichkeit bezeichnet und abgelehnt: »Die populäre Auffassung ist die, dass eine Vorstellung die ihr entsprechende Wirklichkeit abbilden muss [...]. Unsere wahren Vorstellungen von wahrnehmbaren Dingen sind in der Tat Abbilder derselben.« (*Wahrheitsbegriff des Pragmatismus*, S. 124) Aber, fragt James in seiner typischen Art, »Was ist, kurz gesagt, der Barwert der

Wahrheit, wenn wir sie in Erfahrung umrechnen?« (Ebd., S. 125) Wahre Vorstellungen müssen einen Unterschied machen, sie müssen unseren Zugang zur Welt verändern.

Welche Folgen hat die Einführung des Reflexbogens in die Erkenntnistheorie? Ich werde die Beantwortung dieser Frage in mehrere Schritte aufgliedern:

(A) Der praktische Charakter der Realität
(B) Die Rolle der Erfahrung
(C) Welche Folgen hat diese Auffassung für den Begriff der Wahrheit?

A. Der praktische Charakter der Realität

Die Entwicklung des amerikanischen Pragmatismus (1925)

Wenn wir versuchen, das, was die Tradition allzu bequem in dem Begriff der Vorstellung zusammengefasst hat, in die Terminologie der Koordination von Reiz – Überlegung – motorische Reaktion – Konstitution des Reizes usf. umzusetzen, stehen wir vor der Aufgabe, den Begriff des Begriffs oder der Idee in eine solche Abfolge zu bringen. Hier beginnt das Interesse Deweys an Peirces »pragmatischer Maxime«.

Wie schon oben erwähnt, wurde Peirce die Verwendung des Ausdrucks »pragmatisch« – im Gegensatz zu der Meinung derjenigen, die den Pragmatismus als eine ausschließlich amerikanische Konzeption ansehen – durch das Studium Kants nahegelegt. Kant unterscheidet mehrfach[12] zwischen *pragmatisch* und praktisch. Er verwendet den Ausdruck »praktisch« für moralische Gesetze, die er als *a priori* ansieht, während der Ausdruck »pragmatisch« für die Regeln der Kunst und Technik gilt, die auf Erfahrung beruhen und auf die Erfahrung anwendbar sind.

Peirce, der Empirist war – »mit den Geistesgewohnheiten des Laboratoriums«, wie er es ausdrückte –, scheute sich deshalb, sein System »Praktikalismus« zu nennen, wie einige seiner Freunde vorschlugen. Er interessierte sich für die Kunst und Technik des wirklichen Denkens und besonders für die Kunst, Begriffe zu klären oder in Übereinstimmung mit dem Geist der wissenschaftlichen Methode adäquate und wirksame Definitionen zu geben.

»Seinen eigenen Worten nach waren für jemanden, ›der damals noch gern in Kantischen Termini dachte‹, [...] *praktisch* und *pragmatisch* so weit voneinander entfernt wie Nord- und Südpol; der erste Begriff gehört zu einem Denkbereich, in dem kein Geist vom Typ eines Experimentators sich je festen Boden unter die Füße verschaffen kann, der Letztere drückt die Relation zu einer klar umrissenen menschlichen Zwecksetzung aus. Nun war es aber gerade das auffallendste Merkmal der neuen Theorie, dass sie eine untrennbare Verbindung zwischen rationaler Erkenntnis und rationaler Absicht anerkannte.«

Dieser Hinweis auf den »experimentellen Geistestyp« kann helfen, den Sinn, den Peirce dem Wort »pragmatisch« gegeben hat, klarzumachen. Ein Experimentalist ist für ihn jemand, dessen Intelligenz im Laboratorium geformt wird; deshalb sagt er über einen Experimentalisten: »Welche Aussage man ihm gegenüber auch machen mag, er wird sie entweder in der Bedeutung verstehen, dass, wenn eine gegebene Vorschrift für ein Experiment überhaupt ausgeführt werden kann und ausgeführt wird, eine Erfahrung bestimmter Art das Ergebnis sein wird, oder er wird in dem, was man sagt, überhaupt keinen Sinn sehen.« Auf diese Weise entwickelte Peirce die Theorie, dass

»der rationale Bedeutungsgehalt eines Wortes oder eines anderen Ausdrucks ausschließlich in seinem denkbaren Bezug auf die Lebensführung besteht. Da nun offensichtlich nichts, was sich nicht aus einem Experiment ergeben könnte, irgend einen direkten Bezug auf das Verhalten haben kann, so wird man, wenn man alle denkbaren experimentellen Phänomene genau definieren kann, die die Bejahung oder Verneinung eines Begriffs implizieren könnte, darin eine vollständige Definition des Begriffs haben.« (5.411; 5.412)

Peirce schrieb in *Wie unsere Ideen zu klären sind*: »Überlege, welche Wirkungen, die denkbarerweise praktische Relevanz haben könnten, wir dem Gegenstand unseres Begriffs in unserer Vorstellung zuschreiben. Dann ist unser Begriff dieser Wirkungen das Ganze unseres Begriffes des Gegenstandes.« (5.402) So ist die Idee der Härte die Wirkung, die harte Körper auf weichen Oberflächen hinterlassen, ebenso wie die Idee der Kraft die Bewegungsänderung, die in einem Experiment herbeigeführt wird: »Die Idee, die das Wort Kraft in unserem Verstand hervorruft, hat keine andere Funktion, als unsere Handlungen zu beeinflussen, und diese Handlungen können auf Kraft keine Beziehung haben außer durch deren Wirkungen.« (5.404) Die pragmatische Maxime bietet so gleichsam das Schema, nach dem man verfahren muss, wenn man Vorstellungen in Handlungen zurückverwandelt. Alles, was die traditionelle Auffassung im Begriff der Vorstellung, der *repraesentatio*, unterbrachte, so als ob wir eine Art Leinwand im Kopf haben, auf der wir die Realität abbilden, wird jetzt in den Rahmen der Handlung eingepasst. Wissenschaftliche wie alltägliche Vorstellungen oder Begriffe sind Konstruktionen möglicher Handlungen, sie sind keine Abbilder fertiger Gegenstände, sondern spiegeln uns mögliche Konsequenzen unserer Handlungen wider. Erkenntnis wird zu einem Experiment, das zu einem vorläufigen Ergebnis führt, sobald unser Problem so gelöst ist, dass wir weiter handeln können.

Es ist deutlich, dass hiermit ein ganz neues Verhältnis von Geist und Körper konzipiert wird. Die traditionelle Auffassung teilte Ideen dem Geist zu, Bewegungen dem Körper. Aber wenn Ideen in Handlungen umgewandelt werden können, ist eine solche Trennung nicht länger nötig.

Der praktische Charakter der Realität (1907)

Das Erkennen hat seine Stelle in einer unterbrochenen Anpassung an die Umwelt; es setzt ein handelndes Wesen mit Bedürfnissen und Zielen voraus; in dem Augenblick, wo eine Phase einer geglückten Anpassung gestört wird und der Organismus in einer Art Schock sich dieser Störung bewusst wird – Bewusstsein ist Aufmerksamkeit –, wird eine Neuanpassung an die Umwelt nötig. Und dies ist der Ort, wo das Erkennen seine Stelle hat.

Aber Erkennen »macht einen Unterschied in den Dingen«, es ist kein bloßes Abbilden; es führt schließlich zu einem Handeln, das die Welt verändert. »Wohl niemand würde bestreiten, dass Erkenntnis in einer Handlung *endet*, welche die Dinge bis zu einem gewissen Grad ändert – und sei die Handlung auch nur ein bewussteres Festhalten an einem Verhaltensverlauf, den man schon instinktiv eingeschlagen hat. Wenn ich ein Zeichen an der Straßenecke sehe, kann ich mich umwenden oder weitergehen, da ich ja nun weiß, wo ich bin.« Ein Wissenschaftler sieht die Welt am Ende seiner Forschungen anders als zu dem Zeitpunkt, da er damit begann, selbst wenn er keinen praktischen Gebrauch von seinen Forschungsergebnissen macht; und die kumulative Wirkung solcher Veränderungen modifiziert schließlich die offene Handlung des gewöhnlichen Menschen. Dass Erkenntnis *letzten Endes* einen Unterschied dieser Art ausmacht, würden wohl nur wenige bezweifeln: Wenn das alles wäre, was Pragmatismus bedeutet, würde er vielleicht als eine harmlose Binsenweisheit akzeptiert werden. Aber es entstehen hier eine Reihe von weiteren Fragen: Wie ist die »erfolgende«

Handlung denn nun genau auf die »vorangehende« Erkenntnis bezogen? Wann *ist* »letzten Endes«? Welcher Grad von Kontinuität besteht hier? Ist der Unterschied zwischen Erkennen und intelligentem Handeln ein Art- oder einfach ein Qualitätsunterschied? Wie schafft es eine Sache, wenn sie nicht schon beim Erkennen in Veränderung begriffen ist, am Ende auf eine Handlung hinauszulaufen? Außerdem: Machen nicht die aktiv bewirkten Veränderungen den gesamten *Sinn* der Erkenntnis und infolgedessen ihren endgültigen Maßstab und den Prüfstein ihrer Gültigkeit aus? Wenn es nur einfach *geschieht*, dass Erkennen am Ende in irgendeine Handlung übergeht, durch welches Wunder ist die daraufhin erfolgende Handlung der Situation so angemessen? Ist es nicht viel eher wahr, dass das »Erkennen« in Vorwegnahme des nachfolgenden Ergebnisses eingerichtet und geformt wird und in dem Maße, wie es weise und klug ist, während dieses Vorgangs für eine Revision offen gehalten wird? Es ist nicht nur die Meinung des Wissenschaftlers, sondern auch die des Alltagsverstandes, dass volle Erkenntnis, angemessene Realitätsgewissheit sich nur in dem Ergebnis findet, das die Erfüllung von Ideen darstellt; dass wir eine Lehre in die Tat umsetzen müssen, um ihre Wahrheit zu *erkennen*, da sie andernfalls nur ein Dogma oder ein doktrinäres Programm ist. Experimentalwissenschaft ist die Erkenntnis, dass keine Idee Erkenntnis genannt zu werden verdient, bis sie in eine offene Manipulation physischer Bedingungen übergegangen ist, die das Objekt konstruiert, auf das sich die Idee bezieht. Die Realitäten, die wir kennen, deren wir sicher sind, sind genau die Realitäten, die in und durch die aktiven Verfahren des Erkennens Gestalt angenommen haben.

Der Schluss des Pragmatismus, dass die Intelligenz des Menschen in die praktische Bewältigung der Wirklichkeit gehört, stützt sich auf die organische Ausstattung des Menschen.

»Die Teile und Glieder des Organismus sind gewiss nicht primär zum Zwecke reiner Verstandestätigkeit oder theoretischer Kontemplation da. Das Gehirn, das höchste physische Organ des Denkens, ist ein Teil derselben praktischen Maschinerie zur Adaptation der Umwelt an die Lebenserfordernisse des Organismus, zu der auch Beine, Hand und Auge gehören. Dass das Gehirn organisches Verhalten aus der vollständigen Dienstbarkeit unmittelbarer physischer Bedingungen befreit, dass es die Freisetzung von Energie für entfernte und sich immer weiter ausdehnende Ziele ermöglicht, ist gewiss eine Tatsache von großem Wert, streicht das Gehirn aber nicht aus der Kategorie organischer Mittel des Verhaltens.«

Bei dieser Gelegenheit macht Dewey die Anmerkung, dass die metaphysischen Probleme hinsichtlich des Verhältnisses von Leib und Seele oder der Beziehung des »Bewusstseins« zum »Körper« verschwinden, wenn man aufhört, das Gehirn zu einem eigentümlich physischen Substrat des Geistes ganz allgemein zu machen und es einfach als einen Teil des Körpers behandelt, der das Werkzeug des Anpassungsverhaltens ist. Dass das Organ des Denkens, der Erkenntnis, zumindest ursprünglich ein Organ des Verhaltens war, werden wohl nur wenige bestreiten. Der Inhalt des Bewusstseins ist ja nicht irgendein Ding an sich, sondern nur die Gegenstände für ein Bewusstsein, Farben, Klänge, Gerüche usf., an denen sich das Verhalten orientiert; und, wie wir schon wissen, diese Gegenstände sind nicht Gegenstände der Erkenntnis, sondern zeichnen uns unsere Handlungen vor.

Das Ziel des Erkennens besteht genau darin, durch eine Neuanpassung des Organismus *bestimmte* Unterschiede in einer Umwelt zu machen, auf ein *günstiges Ende* hinzuarbeiten. Die Tatsache, dass die Veränderungen des Organismus den Bewusstseinsgegenstand zutiefst durchdringen, ist deshalb keine Restriktion oder Verkehrung der Erkenntnis, sondern Teil der Erfüllung ihrer Aufgabe.

Und genau hier tritt das Problem der Wahrheit auf. Alle hergestellten Dinge sind das Produkt einer Aktivität, aber daraus folgt nicht, dass sie alle gleich gut sind. Und ebenso sind alle »Erkenntnisse« Unterschiede, die das Erkennen in den Dingen gemacht hat, aber einige Unterschiede hat das Erkennen weder einkalkuliert noch herbeigewünscht, weshalb sie, wenn sie eintreten, Störenfriede und Eindringlinge sind – während andere den Zweck des Erkennens erfüllen, da sie im Einklang mit einem harmonischen Verhalten des Organismus stehen und seine Funktion verstärken und erweitern.

Erkennen heißt also, den *richtigen* Unterschied in seinem Gegenstand zu machen: irgendeinen Unterschied macht es ja sowieso. Mit anderen Worten, *Wissenschaft* oder wirkliches Erkennen ist experimentell und beinhaltet irgendeine physische Konstruktion. Wir bestehen darauf, dass etwas *getan wird*, damit wir sehen können, wie die verwirklichte Idee sich zu den anderen Dingen verhält, die unsere Aktivitäten einschränken oder freisetzen. Dem wird oft entgegengehalten, Erkennen mache keinen Unterschied in der »Wahrheit«, sondern sei lediglich die Vorübung, sie zu entdecken. Aber dieser Einwand beruht auf einem Trugschluss: Er verwechselt die Realität, die dem Erkennen vorausgeht, mit dem Gegenstand, der es abschließt und erfüllt.

Bevor wir diesem oft missverstandenen Gedanken etwas näher folgen, müssen wir die Stelle der Erkenntnis im Gesamtzusammenhang der Erfahrung genauer untersuchen.

B. Der Begriff der Erfahrung

Die Notwendigkeit einer Selbsterneuerung der Philosophie (1917)

Dewey kontrastiert seinen Begriff der Erfahrung mit der traditionellen Vorstellung von Erfahrung.

(1)

- Nach orthodoxer Ansicht gilt Erfahrung primär als eine Angelegenheit der Erkenntnis.
- Aber für Augen, die nicht durch eine antike Brille schauen, erscheint sie ganz gewiss eher als eine Angelegenheit des Wechselspiels eines lebenden Wesens mit seiner physischen und sozialen Umwelt.

Das bedeutet, dass Erfahrung primär nichts Intellektuelles ist; in das Wechselspiel von Organismus und Umwelt gehören ebenso Gefühlsqualitäten wie Erstaunen, Furcht und Hoffnung sowie sinnliche Empfindungen wie Wärme und Kälte und Körperempfindungen wie Hunger und Durst.

(2)

- Traditionell gilt Erfahrung (zumindest primär) als eine psychische Sache, die durch und durch von »Subjektivität« infiziert ist.
- Was aus der Erfahrung selbst hervorgeht, ist eine wahrhaft objektive Welt, die in das Handeln und Leiden von Menschen eingeht und durch ihre Reaktionen Veränderungen erfährt.

Eine Erfahrung ist immer eine Erfahrung *von* etwas, von Farben und Formen, von Widerständen und Hilfsmitteln; eine Farbe ist eine Farbe *für* ein Auge oder anders ausgedrückt: Nur weil es Augen gibt, gibt es auch Farben. In der Erfahrung sind die subjektive und die objektive Seite eins.

(3)

- Soweit die herrschende Lehre überhaupt irgendetwas über ein bloßes Gegenwärtiges hinaus anerkennt, zählt ausschließlich die Vergangenheit. Als Wesen der Erfahrung gilt die Registrierung dessen, was stattgefunden hat, der Bezug auf das Vorhergehende. Nach dieser Auffassung ist der Empirismus an das gebunden, was »gegeben« war oder ist.

- Aber die lebendige Erfahrung ist experimentell, sie ist eine Anstrengung, das Gegebene zu verändern; sie ist durch Entwurf, durch ein Ausgreifen ins Unbekannte charakterisiert; ihre hervorstechendste Eigenschaft ist die Verknüpfung mit einer Zukunft.

Der traditionelle Empirismus stützt sich auf die so genannten »*Sinnesdaten*«. Die Gegenstände der Erkenntnis sind schon fertig, es sind die fertigen Reize, von denen in der Rezension von Bergsons *Materie und Gedächtnis* die Rede war. Aber wie wir gesehen habe, wird der Reiz durch die Anstrengung des Organismus erst konstituiert: Der Gegenstand spiegelt dem Organismus mögliche Handlungen wider.

(4)

- Die empirische Tradition ist an einen Partikularismus gebunden. Beziehungen und Verbindungen gelten als erfahrungsfremd, als Nebenprodukte von zweifelhafter Gültigkeit.
- Aber eine Erfahrung, die einer Umwelt ausgesetzt ist und darum kämpft, sie in immer neuen Richtungen zu beherrschen, ist reich an Beziehungen.

Die empiristische Tradition von Locke, Hume u.a. setzt das Bewusstsein aus sinnlichen Atomen zusammen, aus atomaren Ideen oder Eindrücken. Um aus diesen Atomen eine zusammenhängende Erfahrung zu machen, braucht man eine synthetische Verstandstätigkeit, wie sie zum Beispiel Kant in der synthetischen Leistung der Apperzeption sah. Dewey, der zutiefst von der Vorstellung des Bewusstseinsstroms durchdrungen ist, die William James in seiner Psychologie entwickelt hat, sieht derartige Verbindungen nicht als eine transzendentale Leistung des Verstandes an, sondern als in der Erfahrung selbst mitgegeben; selbst die einfachste Erfahrung ist ein Tun und Leiden und damit die Erfahrung von Beziehungen.

(5)

- Nach traditioneller Vorstellung sind Erfahrung und Denken antithetische Termini. Sofern Folgern etwas anderes ist als eine Wiederbelebung dessen, was in der Vergangenheit gegeben war, geht es über die Erfahrung hinaus; infolgedessen ist es entweder ungültig oder eine Verzweiflungsmaßnahme, durch die wir – unter Verwendung der Erfahrung als Sprungbrett – in eine Welt stabiler Dinge und anderer Iche hinausspringen.
- Aber Erfahrung, ohne die Beschränkungen durch den älteren Begriff verstanden, ist voller Schlussfolgerungen. Es gibt offensichtlich keine bewusste Erfahrung ohne Schließen; Reflexion ist angeboren und konstant.

Nach der traditionellen Vorstellung, wie wir sie etwa bei Platon und all seinen Nachfolgern finden, besteht zwischen der sinnlichen Erfahrung und den Ideen, den Gegenständen des Denkens, ein unüberwindlicher Graben. Ideen sind vor jeder Erfahrung gegeben und ermöglichen sie erst. Auch dem hält Dewey die gewöhnliche Erfahrung eines lebendigen Organismus entgegen; jeder Organismus, selbst der einfachste, kann aus Anzeichen oder Zeichen ganz allgemein Folgerungen ableiten, ja darin besteht seine ganze Überlebenskunst. Folgerungen ziehen macht das Leben der Erfahrung aus, es ist nichts Über- oder Außerempirisches. In der Einstellung der verzögerten Reaktion, in der Konsequenzen antizipiert werden, wird der Reiz zu einem Zeichen oder Index von etwas anderem – und auf diese Weise zum Stoff der Wahrnehmung oder Kenntnisnahme oder der Apprehension oder der Bekanntschaft oder welchen Ausdruck man auch immer verwendet.

Aus dieser Gegenüberstellung wird deutlich, dass Dewey sich nicht nur gegen den traditionellen Idealismus und Rationalismus wendet, sondern ebenso entschieden gegen den traditionellen Empirismus von Locke oder Hume. Nach Ansicht des orthodoxen Empirismus kann immer nur ein fließender, momenthafter Geisteszustand erreicht werden. Dieser allein ist absolut und unbezweifelbar gegenwärtig; deshalb ist er allein auch der sichere Boden der Erkenntnis. Er allein ist, nach dieser Vorstellung, *Erkenntnis*. Die Existenz der Vergangenheit und Zukunft dagegen, einer hinreichend stabilen Welt und anderer Iche – sogar des eigenen Ichs – liegen außerhalb dieses Erfahrungsdatums.

Für Dewey ist die große Entdeckung, die alle diese Positionen unterminiert, die moderne – darwinistische – Biologie. Sie beweist die Kontinuität der Natur, nicht nur die Kontinuität von niederen zu höheren Organismen, sondern vor allem auch den Zusammenhang von Fühlen, Wahrnehmen und Denken. Die traditionelle Philosophie seit Descartes hatte das Ich oder das Selbst oder das Denken außerhalb der natürlichen Welt angesiedelt und stand nun vor dem Problem, die Verbindung wieder herzustellen. Deshalb wurde die Erkenntnistheorie zum Hauptproblem der neueren Philosophie. Das Problem der Erkenntnis *überhaupt* besteht deshalb, weil angenommen wird, es gebe einen Erkennenden überhaupt, der außerhalb der zu erkennenden Welt steht und der in Begriffen definiert wird, die den Eigenschaften der Welt antithetisch gegenüberstehen.

Das Subjekt-Objekt-Problem beruht aber auf einem Missverständnis. Es leitet sich einmal von religiösen Vorstellungen her, die um die Idee herum errichtet wurden, das Ich sei nur ein Fremdling und Pilger in dieser Welt; im Einklang damit hatte sich eine Vorstellung von der Moral entwickelt, die das Gute nur in inneren Zuständen eines Ich bestehen ließ (im guten Willen), die ausschließlich seiner eigenen privaten Introspektion zugänglich waren; und schließlich entwickelte die politische Theorie, etwa bei Hobbes, die Vorstellung von unverbundenen und sich gegenseitig ausschließenden Personen; unter diesen Bedingungen war die Vorstellung, der Träger der Erfahrung stehe im Gegensatz zur Welt, statt in und von dieser Welt zu sein, nur allzu naheliegend.

Aber die Lehre der biologischen Kontinuität oder organischen Evolution hat die wissenschaftliche Basis dieser Auffassung zerstört. Wenn die biologische Ansicht akzeptiert wird, ist das Subjekt der Erfahrung zumindest ein Lebewesen, das mit anderen organischen Formen in einem Prozess komplexerer Organisation verbunden ist. Moralisch gesehen befassen sich die Menschen mit der Verbesserung der Bedingungen ihres gemeinsamen Schicksals in dieser Welt. Die Sozialwissenschaften erkennen, dass das Gemeinschaftsleben nicht auf einem physischen Nebeneinander beruht, sondern eine Frage des echten Austauschs ist – dass es auf einer Gemeinschaft der Erfahrung in einem ganz buchstäblichen Sinn von Gemeinschaft beruht.

Das Gehirn ist primär ein Organ des Verhaltens, nicht der Welterkenntnis. Daraus folgt ebenso bestimmt, dass Erfahrung primär nicht Erkenntnis bedeutet, sondern bestimmte Formen des Tuns und Leidens bezeichnet. Erkennen ist lediglich ein besonderer – qualitativ einzigartiger – Modus des Tuns und Leidens. Die alte und nicht-empirische Vorstellung vom Ich ist die Quelle des herrschenden Glaubens, Erfahrung als solche sei primär kognitiv gerichtet – eine Sache der Erkenntnis; aber in Wirklichkeit *beruht Erkenntnis immer auf dem Gebrauch, der von der Erfahrung natürlicher Ereignisse gemacht wird*, ein Gebrauch, in dem gegebene Dinge als Anzeichen dessen behandelt werden, was unter anderen Bedingungen erfahren werden wird.

»Die Schwierigkeiten und Tragödien des Lebens«, die Anreize zum Erkenntniserwerb liegen in der Tatsache, dass das, was in der Erfahrung vorliegt, sich radikal von dem unterscheidet, was in der Erkenntnis vorliegt. Gleichwohl hat die immense Wichtigkeit der Erkenntniserfahrung, die Tatsache, dass die Verwandlung der Präsenz-in-der-Erfahrung in die Präsenz-in-der-Erkenntnis die einzige Möglichkeit der Naturbeherrschung ist, die europäische Philosophie seit Sokrates systematisch zu der Überzeugung verführt, jede Erfahrung sei eine Form von Erkenntnis; wenn nicht von guter Erkenntnis, dann einer niederrangigen oder konfusen oder impliziten Erkenntnis.

Diese Unterscheidung von Erfahrung und kognitiver Erkenntnis ist für die gesamte Philosophie Deweys von überragender Bedeutung. Die meisten der Dualismen, welche die Standardprobleme der modernen Erkenntnistheorie bilden – der Dualismus des Objektiven und Subjektiven, des Wirklichen und Scheinenden, des Mentalen und Physischen, der Dualismus von wissenschaftlichen physischen Objekten und Objekten der Wahrnehmung, von Dingen der Erfahrung und von *Dingen an sich*, die hinter der Erfahrung verborgen sind (wobei die Letztere als ein undurchdringlicher Schleier gilt, der den kognitiven Zugang zu den Dingen der Natur verhindert) – haben ein und dieselbe Quelle: die Isolierung der kognitiven Erfahrung und ihres Gegenstands von anderen Arten der Erfahrung und *deren* Substrat; denn diese Isolierung führt unvermeidlich zur Abwertung der Dinge der gewöhnlichen qualitativen Erfahrungen, derjenigen, die ästhetisch, moralisch oder praktisch sind; zur »Herabwürdigung der Dinge, die wir im Wege der Liebe, Begierde, Hoffnung, Furcht und Absicht und der Eigenschaften erfahren, die für die menschliche Individualität charakteristisch sind«[13] – oder zu einer Bemühung, diese Letzteren durch die Behauptung eines überwissenschaftlichen, überempirischen transzendenten Reichs *a priori* zu rechtfertigen.

Aber es ist nicht das Privileg der Philosophie, die wahre Realität zu erkennen. Wenn es wahr ist, dass das Selbst oder das Subjekt der Erfahrung selbst ein wesentlicher Bestandteil des Gangs der Ereignisse ist, dann folgt, dass das Selbst zu einem Erkennenden wird. Es wird zu einem Geist dank einer charakteristischen Art und Weise, am Lauf der Ereignisse teilzunehmen. Nicht die Unterscheidung zwischen dem Erkennenden und der Welt ist mehr von Belang; sondern die Unterscheidung zwischen verschiedenen Arten, in der Bewegung der Dinge zu sein, zu ihr zu gehören; zwischen einer rohen physischen Weise und einer absichtsvollen, intelligenten Weise.

In Wirklichkeit bedeutet die pragmatische Theorie der Intelligenz, dass die Funktion des Geistes darin besteht, neue und komplexere Ziele zu entwerfen – die Erfahrung von Routine und Willkür zu befreien. Nicht der Gebrauch des Denkens zur Erreichung von Absichten, die im Mechanismus des Körpers oder des bestehenden Gesellschaftszustands schon gegeben sind, ist die Lektion des Pragmatismus, sondern der Gebrauch der Intelligenz, um das Handeln zu befreien. Ein Handeln, das sich auf gegebene und unveränderliche Ziele beschränkt, kann große technische Effizienz erreichen; aber Effizienz ist dann auch die einzige Qualität, auf die es Anspruch erheben kann. Ein derartiges Handeln ist mechanisch (oder wird doch so), gleichgültig, von welcher Reichweite das vorgeformte Ziel ist, sei es der Wille Gottes oder die Kultur. Aber die Lehre, die Intelligenz entwickle sich innerhalb der Sphäre des Handelns um noch nicht gegebener Möglichkeiten willen, ist das Gegenteil einer Lehre mechanischer Effizienz. Intelligenz als Intelligenz schaut ihrem ganzen Wesen nach in die Zukunft; nur wenn sie ihre primäre Funktion ignoriert, wird sie zu einem bloßen Mittel für ein schon gegebenes Ziel.

C. Das Problem der Wahrheit

The Problem of Truth (1919)

Wenn Erkennen »einen Unterschied in den Dingen macht«, und zwar eben nicht nur irgendeinen Unterschied, sondern einen günstigen oder positiven, das heißt einen, der es dem Organismus erlaubt, die gestörte Anpassung an die Umstände wieder einzurichten, dann verändert auch der Wahrheitsbegriff seine Bedeutung. Die naive oder aristotelische Vorstellung von der Wahrheit beruht auf der Meinung, Erkennen sei das Abbilden einer ohnehin schon vorhandenen Realität. Aber wenn das Erkennen die Realität nicht abbildet, sondern erst schafft, dann löst sich dieser Wahrheitsbegriff auf.

Peirce hatte in seinem Aufsatz *Die Festlegung unserer Überzeugung* vier vorherrschende Methoden der Wahrheitsbestimmung unterschieden: die Methode der Beharrlichkeit, die Methode der Autorität, die *A-priori*-Methode und die Methode der Wissenschaft. Alle diese Methoden haben irgendwann einmal dazu gedient, an die Stelle des *Zweifels* den Zustand der *Überzeugung* zu setzen: »Zweifel ist ein unangenehmer und unbefriedigender Zustand, in dem wir Anstrengungen machen, uns von ihm zu befreien und den Zustand der Überzeugung zu erreichen suchen.« (5.372) Es ist nicht zu übersehen, dass Peirce hier direkt Front gegen Descartes macht, für den der Zweifel ein willkürlich herbeigerufener innerseelischer Vorgang ist; für Peirce dagegen ist Zweifel ein Zustand des gesamten Organismus, in den er ohne Absicht, ja eigentlich gegen seinen Willen hineingerät, wenn seine Harmonie mit der Umwelt gestört ist; deshalb ist Zweifel auch keine Eigenschaft der Seele (jenes »denkenden Dinges« bei Descartes, »das zweifelt, einsieht, bejaht, verneint, will, nicht will und das auch Einbildung und Empfindung hat« (2. Medit., 14), sondern ein Zustand des ganzen Organismus.

In seinem Vortrag *Das Problem der Wahrheit* (*The Problem of Truth*, 1919) hält sich Dewey an das allgemeine Schema von Peirce und untermauert es mit Beispielen aus der Geschichte. Er erwägt zunächst einige Anwendungen des Wahrheitsbegriffs, wie sie in der Geschichte der Philosophie aufgetreten sind; in seiner Terminologie ist dies der denotative Wahrheitsbegriff. »Denotativ« steht hier im Gegensatz zu »konnotativ« – eine von John Stuart Mill übernommene Ausdrucksweise, die etwa dem entspricht, was man heute extensional und intensional nennen würde. Bei der denotativen Methode bezieht man sich auf Anwendungsfälle des Wahrheitsbegriffs, also etwa die Methode der Autorität; bei der »konnotativen Methode« auf die Bedeutung des Begriffs selbst.

Die Methode der Autorität

Der Begriff der Wahrheit hat sicher sehr viel mehr Bedeutungen als nur das getreue Abbilden. Die *Prima-facie*-Bedeutung von Wahrheit – Dinge so zu sehen, wie sie sind und über sie so zu berichten, wie sie gesehen werden – ist die Anerkennung der in einer bestimmten Gemeinschaft oder Organisation geläufigen, autoritativen Überzeugungen. All diesen Überzeugungen haftet ein bestimmter moralischer Aspekt an. Die übliche Bedeutung ist zweifellos, dass Wahrheit der Schatz an Überzeugungen ist, die für die Lebensführung von eigentümlicher Bedeutsamkeit sind.

Als Ausgangspunkt seiner Untersuchung dient Dewey deshalb die starke Neigung von Menschen, Wahrheit im Konkreten –

was immer sie im Abstrakten sein mag – mit Überzeugungen zu identifizieren, die so geläufig sind, dass sie Loyalität verlangen und jeden, der davon abweicht, verdächtig machen. Es bedarf keiner großen anthropologischen Überlieferung oder allzu viel Bekanntschaft mit den unkultivierten Teilen der gegenwärtigen Gesellschaft, um zu bemerken, dass immer dann, wenn die Wahrheit sozusagen individualisiert wird, wenn man von ihr im Singular spricht – *die* Wahrheit –, damit herrschende politische, moralische und religiöse Überzeugungen gemeint sind. Wenn eindeutig wissenschaftliche Feststellungen, also rein intellektuelle Gegenstände unter diesen Ausdruck fallen, dann deshalb, weil sie nach einer Zeit sozialer Verbreitung mehr oder weniger mit der Menge autoritativer Traditionen, nach denen die Gemeinschaft lebt, verknüpft worden sind oder weil man glaubt, eine moralische Streitfrage hänge von ihrer Anerkennung ab. Mit dieser ersten Bedeutung hängt eine weitere Bedeutung zusammen, die Wahrhaftigkeit. Wahrhaftigkeit gilt als eine soziale Tugend, die einem Bedürfnis dient, das sich aus dem gesellschaftlichen Verkehr ergibt; in diesem Sinne drückt sie keine logische, viel weniger eine epistemologische Beziehung aus.

Nach Auffassung Deweys liefern diese Erwägungen ein Bild von der Atmosphäre, die den Begriff der Wahrheit in der Philosophie immer noch umweht – seine Macht und sein höchstes Interesse verdankt er immer noch seiner frühen Assoziation mit Überzeugungen, die soziale Autorität besitzen und deshalb als Verhaltensprinzipien Anerkennung verlangen. Sie erklären, warum für uns Wahrheit einen so hohen Rang besitzt.

Die Methode der Autorität stimmt in vieler Hinsicht mit dem Wahrheitsverständnis des gesunden Menschenverstands überein. Dinge so darstellen, wie sie sind, heißt, sie in einer Form darstellen, die geeignet ist, die Bedingungen des allgemeinen Verständnisses aufrecht zu erhalten; sie falsch darstellen heißt, diese

Bedingungen verletzen – ob gewollt oder ungewollt. Verstehen ist Übereinstimmung, Missverstehen Nicht-Übereinstimmung; und Verstehen ist eine soziale Notwendigkeit, weil es die Voraussetzung aller Gemeinschaft des Handelns ist. Nach dieser Auffassung gilt also: Sofern eine Aussage denjenigen, an den sie gerichtet ist, in dieselbe Einstellung versetzt, in die ihn seine eigene Wahrnehmung des Berichteten nach den gängigen Vorschriften versetzen sollte, ist diese Aussage wahr. Umgekehrt besteht Irrtum, fehlerhafte Darstellung darin, andere in die Irre zu führen oder eine Reaktion hervorzurufen, die das gängige Verständnis im Hinblick auf die Praxis in einer gegebenen Situation missbilligt.

Für den gesunden Menschenverstand bedeuten die Dinge immer Dinge-für-ihn-als-Glied-einer-Gemeinschaft. Der Geisteszustand mancher Personen ist sozial nützlich, der anderer schädlich. Wahrheit ist also um sozialer Interessen willen wichtig, und deshalb ist das Verstehen aus einer allgemeinen Perspektive ein Merkmal von Wahrheit. Es ist sozusagen nicht das Objekt allein, das entscheidet, was der richtige und autorisierte Bericht über es selbst ist; sondern das Objekt als Terminus und Faktor in der bestehenden sozialen Praxis. Ein Ding richtig zu beobachten heißt notgedrungen, eine soziale Vorschrift zu beobachten.

Dewey fasst diese Diskussion im Begriff einer »quartären Eigenschaft« zusammen: Dinge gibt es nicht nur als metrische, als sinnliche, als emotional gefärbte, sondern auch in einer sozialen Interpretation, man kann sie nicht uninterpretiert abbilden; weil Klassifikationen und Einschätzungen, die sich in der Sprache abgelagert haben, von Anfang an in jede Wahrnehmung und Meinung verwoben sind, sind sozial bestimmte Qualitäten ein unablösbarer Teil jedes Objekts. Das Ergebnis dieser Diskussion lässt sich so zusammenfassen:

(1) Die Darstellung, Repräsentation einer Sache bedeutet für den gewöhnlichen Menschen, eine Sache vom Standpunkt ihrer Bedeutung aus zu präsentieren, nicht, dieses Ding als Ding zu kopieren.
(2) Bedeutung wird auf der Basis sozialer Verfahrensweisen und Konsequenzen begriffen.
(3) Die richtige oder korrekte Bedeutung ist die, welche der soziale Brauch vorschreibt und unterstützt.

Die Methode der Autorität bricht freilich zusammen oder gerät zumindest in Schwierigkeiten, sobald der Brauch infrage gestellt wird. Historisch gesehen geschah das zum Beispiel mit dem Auftreten der griechischen Philosophie.

Dann stellt sich die Frage: Wie ist das Objekt, das ja immer sozial interpretiert war, »wirklich«? Das kann zur Skepsis führen oder zu einem irrationalen Festhalten an der Tradition, dem Glauben (Methode der Beharrlichkeit). Oder man verlässt sich darauf, die Objekte hinzunehmen, wie sie gerade kommen (Sensualismus), oder sucht ein »reales Objekt« (die platonische Idee, das »auf seiende Weise seiende« Objekt) (die A-priori-Methode). Die typisch griechische Fragestellung lautete: Sind Dinge so, wie sie sind, von Natur aus (φύσει) oder durch Brauch (νόμῳ, das heißt auf der Basis ungeplanten menschlichen Handelns) oder durch Satzung (θέσει, auf der Basis bewusster menschlicher Absicht)? Die Natur wird zum Gegenbegriff des *nomos*. Die Sophisten zeigen verschiedene Reaktionen: Skeptizismus – Gorgias etwa behauptet, die Wahrheit sei nicht mitteilbar –, Humanismus – Protagoras macht den Menschen zum Maß aller Dinge usf. Schließlich aber war Platon das Produkt der Krise. Die Ideen werden jetzt zur Wahrheit als Maßstab des Brauchs. Die Einteilung des gesunden Menschenverstands in die unerlaubte, private *De-facto*-Ansicht von Dingen und die sozial geforderte

De-iure-Ansicht wiederholt sich bei Platon: Dinge werden zu Erscheinungen, sie sind wandelbar, es gelingt ihnen nicht, die Ideen wiederzugeben. Die Identifikation von Wahrheit mit einem eigentümlichen Typus von ewiger, absoluter und umfassender Realität folgt aus dem Begriff des gesunden Menschenverstands von Wahrheit als richtiger Repräsentation, weil der gesunde Menschenverstand irgendeine Überzeugung oder Tradition, die fraglos akzeptiert worden ist, zum Maßstab der korrekten Repräsentation gemacht hatte.

Die Methode der Wissenschaft

Es erfolgte aber auch eine Gegenreaktion. An die Stelle dogmatischen Beharrens auf bestimmten Überzeugungen als Maßstab und an die Stelle einer Flucht zu einer Realität, die jenseits aller menschlichen Institutionen lag, setzten einige Philosophen (Roger Bacon und einige Jahrhunderte später Francis Bacon) den bescheideneren Versuch, die bestehenden Überzeugungen zu verbessern: An die Stelle der Konformität mit der Tradition und an die Stelle der ästhetischen Ansicht des ewigen Musters im Himmel setzten sie eine Idee dieser Welt, die durch eine Revision der Tradition verbessert wird.

Die beiden Traditionen des Platonismus und des Empirismus können allerdings in einem gewissen Sinne miteinander versöhnt werden. Die Lösung besteht in einer Unterscheidung der formalen und der inhaltlichen Seite von Wahrheit: »Die Form der Wahrheit ist fest und autoritativ über jede Veränderung hinaus; in diese ewige Form gießen aufeinander folgende Generationen ihre jeweiligen Beiträge, die deshalb für den Augenblick das Siegel der absoluten und unwandelbaren Wahrheit empfangen.«

Drei theoretische Ansätze

Wenn wir jetzt den Schritt zur konnotativen Methode bei der Erfassung der Wahrheit machen, das heißt nach dem Sinn von »Wahrheit« suchen, können wir drei theoretische Ansätze unterscheiden:

(1) Die *Konsistenztheorie*. Ein Beispiel dafür ist die idealistische Wahrheitstheorie Platons. Für Platon fallen Idee, Bedeutung und Wert zusammen: die Idee ist das wirkliche Sein und das Wahre (vgl. *Staat*, Sonnengleichnis, 508a ff.; *Symposion*, 212a).
(2) Die *Korrespondenztheorie*. Beispielhaft dafür ist die von Aristoteles formulierte Adäquationstheorie: Wahrheit ist Übereinstimmung von Aussage und Wirklichkeit.

Beide Theorien haben ihre Schwierigkeiten. Die Konsistenztheorie kann nur formale Wahrheit denken; eine lediglich geistige Kohärenz ohne experimentelle Verifikation ermöglicht es uns nicht, über den Bereich der Hypothese hinauszugelangen. Die Korrespondenztheorie dagegen setzt Wahrheit voraus, sie nimmt an, wir wüssten, wie die Dinge in Wirklichkeit sind. Das Problem ist nur: Welches ist das dritte Medium, von dem aus der Vergleich zwischen Wirklichkeit und Aussage geführt werden soll?

(3) Die dritte Theorie, die *pragmatische Wahrheitstheorie*, geht auf die Struktur einer Aussage überhaupt zurück; denn schließlich liegt Wahrheit ja in einer Aussage über die Realität. Was also ist ein Urteil?

Dewey greift hier auf die Auffassungen zurück, die seiner Logik zugrunde liegen. Die Anpassungen, die niedere Organismen vornehmen (z. B. ihre effektiven und koordinierten Reaktionen auf Reize), werden im Menschen bewusst und zielgerichtet und bilden deshalb den Anlass für das Denken. Reflexion ist eine indirekte Reaktion auf die Umwelt, und das Element der Indirektheit kann selbst groß und sehr kompliziert werden. Aber es hat seinen Ursprung im biologischen Anpassungsverhalten, und die Funktion seines kognitiven Aspekts ist letztlich eine prospektive Steuerung der Bedingungen der Umwelt. Die Funktion der Intelligenz besteht deshalb nicht darin, die Objekte der Umwelt abzubilden, sondern vielmehr einzukalkulieren, wie effektivere und nutzbringendere Beziehungen zu diesen Objekten in der Zukunft geschaffen werden könnten.

Wie kann dieser Gesichtspunkt auf die Theorie des Urteils angewendet werden? Stellen wir uns eine einfache Aussage vor: Dies ist süß.[14] Das »Subjekt« dieses Urteils, *dies*, repräsentiert jenen Ausschnitt der Umwelt, auf den eine Reaktion vorgenommen werden muss. Das Prädikat, *süß*, repräsentiert die mögliche Antwort oder Gewohnheit oder Manier, wie man sich zur Umwelt verhalten sollte – zum Beispiel das Schmecken mit der Zunge; die Kopula, *ist*, repräsentiert den organischen und konkreten Akt, durch den die Verknüpfung zwischen den Tatsachen und ihrer Bedeutsamkeit hergestellt wird – man probiert dies wirklich; und schließlich: Die Schlussfolgerung oder das definitive Objekt des Urteils, dies *ist* süß, ist einfach die transformierte ursprüngliche Situation, eine Situation, die eine Veränderung sowohl im Handelnden wie in der Umwelt selbst impliziert. Die neue und harmonische Einheit, die auf diese Weise erreicht worden ist, verifiziert die Bedeutung der Daten, die zuerst ausgewählt wurden, um als Subjekt zu dienen, und der Begriffe, die während des Prozesses als teleologische Instrumente in die Situation eingeführt wurden, um sie zu bewältigen. Bis diese endgültige Vereinheitlichung erlangt ist, sind die Wahrnehmungsdaten und die begrifflichen Prinzipien oder Theorien unter logischen Gesichtspunkten lediglich Hypothesen. Darüber hinaus sind Affirmation und Negation an sich a-logisch; sie sind Akte.

Der Pragmatist sagt deshalb, dass eine Feststellung nicht ihre eigene Wahrheit behauptet, sondern vielmehr in genau dem Maß, in dem sie eine echt intellektuelle Qualität besitzt, einen Zweifel hinsichtlich ihrer eigenen Wahrheit und eine *Suche* nach Wahrheit, ein Forschen nach ihr impliziert; ein Urteil ist der Schluss auf eine Tatsache, nicht ihre Feststellung, sondern der Anreiz zu weiterer Forschung.

(1) Der erste Schritt in der pragmatischen Kritik sowohl realistischer wie idealistischer Begriffe besteht darin, die Idee infrage zu stellen, jede Feststellung impliziere durch ihre eigene Natur eine Behauptung ihrer eigenen Wahrheit. An die Stelle jener Überzeugung setzt sie die Hypothese, dass jede Aussage (soweit sie wirklich eine intellektuelle Qualität hat, nicht lediglich ein dogmatisches Vorurteil oder eine Erinnerungsstütze ist, die der weiteren Anleitung des Handelns dienen soll) eine Hypothese über einen Sachverhalt ist; dass ihre Natur darin besteht, an der Wahrheit zu zweifeln, ihrer nicht sicher zu sein; und dass ihre Behauptung ihrer eigenen Wahrheit nur bedingt ist: dass sie ein Mittel ist, Forschungsaktivitäten in Gang zu setzen, die den Wert ihrer Behauptung überprüfen. Wahrheit kann also nur in der Überprüfung der Behauptung, in der Einlösung ihrer Versprechen durch die folgenden Akte, die sie vorschreibt, *existieren.* Die pragmatische Theorie behauptet also, getreulich den Geist, das heißt die Methode der Wissenschaft zu repräsentieren, die *erstens* alle Feststellungen als provisorisch oder hypothetisch ansieht, bis sie einer experimentellen Überprüfung unterzogen worden sind; die sich *zweitens* bemüht, ihre Feststellungen in Ausdrücken zu formulieren, die selbst die Verfah-

ren anzeigen, die nötig sind, um sie zu überprüfen; und die *drittens* niemals vergisst, dass selbst ihre gesicherten Aussagen nur die Zusammenfassungen früherer Untersuchungen und Überprüfungen sind und deshalb jeder Revision unterworfen sind, die von späteren Untersuchungen verlangt wird.

(2) Der zweite Schritt: Aussagen haben einen Bezug auf die Zukunft, nicht auf die Vergangenheit. Wie man an der Falschheit von Aussagen sehen kann, besteht diese Falschheit nicht in der Aussage selbst, sondern in dem Gebrauch, der von ihr gemacht wird.

»Man beachte, wie vollständig die Schwierigkeiten verschwinden, wenn wir erkennen, dass sich die Bedeutung von Aussagen nicht in ihrer Bezugnahme auf das Vergangene erschöpft oder auch nur darin enthalten ist; dass ganz im Gegenteil der Witz einer Aussage darin besteht, etwas Vergangenes, etwas Getanes, *in seinen Auswirkungen auf die zukünftigen Konsequenzen in Betracht zu ziehen, die die Formulierung der Aussage uns zu erreichen hilft.*«

Es geht also um den Gebrauch, der von Aussagen gemacht wird. Das hat Folgen: Da die Repräsentation an sich und notwendig einen Bezug auf eine Zukunft hat, ist ihre Wahrheit oder Falschheit eine Sache des Scheiterns oder des Erfolgs bei der Verrichtung ihrer Aufgabe.

(3) Der dritte Schritt ist die Erwägung, wie eine Proposition ihre Aufgabe erfüllt. Die Aussage ist ein Mittel bei der Erreichung des Ziels – wie etwa ein Kompass. Aber der Kompass ist selbst ein hergestellter Gegenstand; er ist durch eine lange Serie von früheren Verwendungen samt den Überprüfungen und Verbesserungen geformt worden, die der Gebrauch mit sich brachte, zu genau dem Zweck, in dieser Art von Situa-

tion zu helfen. Der Kompass ist ein Ergebnis, eine Ablagerung intellektueller Propositionen; er hat, als ein direktes Mittel oder direkter Anreiz von Handlungen, keine intellektuelle Qualität mehr. Man stelle sich vor, wie der Steuermann versucht, den Kompass zu lesen, um die berechnete Reaktion vorzunehmen, um die erwünschten Konsequenzen zu erzielen, und man hat genau die Situation, in der Aussagen (Feststellungen, Berichte, Urteile) auftreten, die eine lebenswichtige intellektuelle Qualität haben. Die Pointe und Bezugnahme der Feststellung liegt in dem Gebrauch, der von dem Ding gemacht wird; der Stoff der Feststellung ist irgendeine existierende Tatsache oder ein Antezedens. Der Bericht, die Proposition, stellt diese vorgängige Existenz fest als eine Realität, die eine Auswirkung und eine bestimmte Art von Auswirkung auf die Erlangung eines Ziels hat. Urteile spielen also eine Rolle in einer noch nicht fertigen Entwicklung: »Gegeben eine Situation, deren Ergebnis zweifelhaft ist und in der das schließliche Resultat durch die Untersuchung eines der vorgängigen Faktoren vom Standpunkt des zukünftigen Ergebnisses aus modifiziert werden kann, und wir haben genau den Sachverhalt, in dem es Urteile oder Propositionen gibt und in dem der Wert der Proposition im Hinblick auf ihre Verwendung, um das Ziel zu erreichen, eine entscheidende Sache ist.« Wir gehen so selbstverständlich damit um, »dass wir den außergewöhnlichen Charakter dieser Leistung – die Fähigkeit, eine noch nicht erreichte Zukunft zu einem gegenwärtigen Faktor bei ihrer eigenen Bestimmung zu machen – nicht bemerken und nicht bemerken, dass diese eigentümliche Funktion genau die Situation der Erkenntnis ist (das heißt in ihrer diskursiven oder propositionalen Form) und dass sie genau ›Bewusstsein‹ im Sinne von Gewahrsein beschreibt«.

Eine erfolgreiche Aussage wird ihrerseits zu einem Mittel. Man kann das an einem Beispiel aus Deweys *Logik* erläutern. Die Aussage, Malaria sei nicht auf »schlechte Luft«, sondern auf den Stich des Moskitos zurückzuführen,[15] ist ein Mittel in einer Untersuchung der Ursache einer Krankheit. Die Wahrheit dieser Aussage liegt nicht in der Aussage selbst, sondern in den Konsequenzen, zu denen sie führt, zu Experimenten, die die Ursache »schlechte Luft« ausschließen und die Mücke als Malariaerreger identifizieren. Die Korrespondenztheorie dagegen verlegt die Wahrheit in den Satz selber.

Die Verbindung von autoritativem und experimentellem Wahrheitsbegriff

Unsere deskriptive Darstellung von Wahrheiten endete mit der Idee, dass Wahrheiten, *denotativ* verstanden, diejenigen Überzeugungen bezeichnen, die aufgrund eines bestimmen kritischen Prozesses der Überprüfung akzeptiert (und tatsächlich mehr oder weniger geformt) worden sind: so viele Wahrheiten, so viele Verifikationen. Die Schlussfolgerung unserer *analytischen* Wahrheitstheorie – Wahrheit in ihrer Konnotation, wie die Logiker sagen – war, dass Wahrheit Erfüllung der Konsequenzen bedeutet, auf die eine Idee oder Aussage Bezug nimmt.

Die Frage stellt sich, ob der Wahrheitsbegriff, der sich mit der Autorität verband, und der experimentelle Wahrheitsbegriff miteinander versöhnt werden können. Lassen sich materiale und formale Wahrheitstheorien miteinander vereinbaren, wenn sozial wichtige Konsequenzen als integrale Momente in den Begriff der Wahrheit eingeführt werden? Dürfen und können wir den Begriff des Hinwirkens auf soziales Gedeihen oder das Gemeinwohl, den »autoritativen«, inhaltlichen Wahrheitsbegriff, in die Idee der Wahrheit als Verifikation einer Hypothese einfließen lassen? Verfälschen wir damit nicht die wesentliche Seite der letzteren Idee? Was wird aus den Eigenschaften der Unparteilichkeit, des Ausschlusses der Bevorzugung einer speziellen Schlussfolgerung, der unpersönlichen Perspektive der Wissenschaft und ihrer intellektuellen Objektivität? Und wenn wir das Element des allgemeinen oder sozialen Wertes nicht in unseren Begriff der Konsequenzen einführen, kommen wir dann praktisch nicht einfach auf Erkenntnis-Konsequenzen zurück – auf intellektuelle Resultate als einziges Merkmal der Wahrheit? Dewey formuliert eine Hypothese zur Versöhnung:

»Meine Hypothese lautet, dass der Standpunkt und die Methode der Wissenschaft nicht das Aufgeben der sozialen Absicht und Wohlfahrt als rechtmäßig beherrschende Kriterien in der Bildung von Überzeugungen bedeuten, sondern dass sie eine grundlegende Transformation in der Natur sozialer Absicht und des Gemeinwohls signalisieren. Die Rolle wissenschaftlicher Wahrheit in dem sozialen Medium ist eine Emanzipation von Gütern, Zwecken und Tätigkeiten, die den Übergang von einer stationären zu einer progressiven Gesellschaft bedeuten. Wissenschaft ist zugleich Symptom und Waffe der Transformation einer Gesellschaft, deren Absicht darin besteht, ihre eigene Vergangenheit zu wiederholen – dem schon Etablierten ›treu‹ [true] oder loyal zu sein –, in eine Gesellschaft, deren Zweck es ist, dass ihre Zukunft eine Variation ihrer Vergangenheit ist, eine Gesellschaft, deren Interesse darin besteht, Neuheit zu fördern und zu beherrschen.«

Das wichtigste Mittel moderner Gesellschaften ist, den Brauch zu unterbrechen. Die Einführung wissenschaftlicher experimenteller Forschung bedeutet aber keineswegs die Eliminierung sozialer Ziele und Interessen, sondern vielmehr ihre Emanzipation von der Bindung an Routine. Aber es ist plausibel, dass die Bedingungen einer progressiven Gesellschaft und die experimentelle Bildung von Überzeugungen wie durch eine prästabilierte Harmonie zueinander passen; genau die Eigenschaften wissenschaftlicher Forschung, die am meisten als Beweise ihres depersonalisierten Charakters – ihrer Unparteilichkeit und ihres mechanischen Inhalts – zitiert werden, sind die Eigenschaften, in denen die Eignung für ein progressives soziales Leben lebhaft zutage tritt.

Nur in einer starren Gesellschaft ist ein vorgefasster Zweck deanthropomorphisiert; in einer progressiven Gesellschaft drücken sich neue Ziele für die Zukunft aus – und die sind nicht starr. Fortschritt bedeutet Vervielfältigung von Zwecken. »Das innerste Wesen des Fortschritts [ist] die Emanzipation der Zwecke von der Konformität mit der Routine und einer undurchschauten Vergangenheit.« Nach Dewey ist es kein Zufall, dass die Idee und das Ideal des Fortschritts weder der Antike noch dem Mittelalter dämmerten, die durch keinen einzigen Strahl der Konzeption einer stetig anwachsenden Naturbeherrschung im Interesse des menschlichen Glücks oder durch eine Konzeption eines Glücks erhellt wurden, in der die Variation von Zielen eine konstante Funktion ist. Erst als die experimentelle Wissenschaft die Fesselung des Menschen an seine tierische Vergangenheit (verkörpert in seinen Sinneswahrnehmungen) und an seine menschliche Vergangenheit (verkörpert in seinen politischen und religiösen Institutionen) löste, wurde der Fortschritt zugleich zu einer Idee und einem Ideal.

Der Unterschied zwischen einer Wissenschaft, deren Natur darin besteht, etwas schon Fixiertes und Feststehendes zu verdoppeln, und einer Wissenschaft, deren Natur es ist zu forschen, ist der Unterschied zwischen einem rückwärts und einem vorwärts gewandten Interesse. Das höchste Zeugnis für den Mut des Menschen, seine Überzeugung von der Geistesverwandtschaft der Natur mit der menschlichen Bestrebung als ein Zeichen zu behandeln, dass der Mensch in der Wissenschaft sein Menschsein ergeben fallen gelassen hat, ist ein Zeichen von Unreife.

Wahrheit ist in letzter Analyse die Feststellung von Dingen, »wie sie sind«, nicht wie sie in der eitlen und desolaten Leere der Isolierung von menschlichen Anliegen sind, sondern wie sie in einer gemeinsamen und progressiven Erfahrung sind. Das griechische Sprichwort sagte, Freunde haben alle Dinge gemeinsam. Wahrheit, Wahrhaftigkeit, transparente und tapfere Öffentlichkeit des Verkehrs sind die Quelle und Belohnung der Freundschaft. Wahrheit ist dies: Dinge gemeinsam haben. Erkenntnis kann nicht bedeuten, eine Natur zu verdoppeln, die ohnehin schon besteht, Erkenntnis ist die Nutzbarmachung dieser Natur zugunsten von Konsequenzen. Und objektive Wahrheit ist das freie Ausarbeiten der so gedeuteten Natur in einen sozialen Verkehr, der sicherer, vielfältiger und freier ist.

Die Phasen der Erfahrung

Wir können jetzt Deweys allgemeinen Plan einer Rekonstruktion der Philosophie skizzieren. Im ersten Kapitel von *Kunst als Erfahrung*[16] wird die allgemeine Struktur der Erfahrung folgendermaßen gegliedert:

> »Der Rhythmus von Verlust der Integration in die Umwelt und Wiedergewinn einer Einheit bleibt beim Menschen nicht nur erhalten, sondern wird ihm sogar bewusst. Seine Bedingungen sind das Material, aus dem er seine Absichten formt. Emotion ist das bewusste Zeichen eines – schon wirklichen oder noch bevorstehenden – Bruches. Die Dissonanz ist der Anlass zur Reflexion. Der Wunsch nach Wiederherstellung der Einheit verwandelt bloße Emotion in Interesse an Gegenständen als Bedingungen für die Verwirklichung von Harmonie. Im Verlauf dieser Verwirklichung wird Gegenständen Reflexionsmaterial als ihre Bedeutung einverleibt.« (engl. Ausg., S. 20 f.)

Wir haben also den großen, aus Hegel bekannten Viererschritt der Erfahrung von Integration (Affirmation) – Verlust der Integration (Negation) – Wiedergewinn der Einheit (Negation der Negation) – Einheit auf höherer Stufe (erneute Affirmation) von Organismus und Umwelt und dazwischen die Phase der Emotionalität, die, als Wut oder Angst, auf den Bruch reagiert, und dann das Suchen nach einer Möglichkeit, die Einheit wiederherzustellen, indem man die Gegenstände auf ihre Eignung zur Erreichung dieses Ziels untersucht – die Phase der Wahrnehmung. Im Verlauf der Untersuchung der Gegenstände gewinnen sie ihre Bedeutungen; sie werden zu Gegenständen der Reflexion. Nachdem sie eine Phase der Manipulation durchgemacht haben, schließt dieser Prozess mit einer Phase der Erfüllung, der Konsummation[17] ab, die die Einheit wiederherstellt. Die Phase der Emotion ist Gegenstand einer Theorie der Emotionen, die Phase der Reflexion Gegenstand der Logik, die Phase der Konsummation Gegenstand der Ästhetik. Alle Aspekte der Erfahrung können einzeln, aber auch in wechselnden Zusammenhängen betrachtet werden, zum Beispiel im Rahmen der Naturphilosophie oder der Ethik, ja sogar der Religionsphilosophie, deren Gegenstand ein besonderer Aspekt oder eine besondere Qualität der Erfahrung, eben das Religiöse, ist.

Wir werden uns im Folgenden einigen der größeren Werke Deweys zuwenden, in denen er sein Projekt einer Erneuerung der Philosophie auf der Basis des experimentellen Erfahrungsbegriffs in den Details ausgearbeitet hat.

Dritter Teil: Die Durchführung des Projekts

I. *Demokratie und Erziehung* (1916)

Voraussetzungen

Wer versucht, sich die Bedeutung von Deweys *Demokratie und Erziehung* klarzumachen, tut gut daran, sich vor Augen zu führen, wie die Lage der Schule war, bevor Dewey zu ihrer radikalen Veränderung beitrug.

Die amerikanische Erziehungspraxis in Neuengland stand unter dem Einfluss der britischen Puritaner, im übrigen Amerika unter dem der irisch-schottischen Presbyterianer. Bezeichnend für diese Tradition waren eine stark moralisierende Weltsicht, die politisch-religiöse Lehre von der Gewissensfreiheit und ein Interesse an universaler Erziehung. Damit einher gingen ein ausgeprägtes Misstrauen gegenüber der »menschlichen Natur«, der Glaube an die heilsame Wirkung von körperlichen Züchtigungen – bekannt war der Streit, den der Bostoner Abgeordnete Horace Mann mit den Lehrern von Boston führte, die in einer repräsentativen Schule von vierhundert Schülern 65 Auspeitschungen am Tag vornahmen – und die Theorie, dass Wissen und anständiges Verhalten von außen komme, besonders aufgrund der Autorität der Älteren, die ihrerseits das, was sie wissen und haben, letztlich durch göttliche Offenbarung oder durch Intuition selbstevidenter absoluter Wahrheiten erlangen. Dazu kamen ein fester Glaube an die Psychologie der

»Vermögen«, formelle Disziplin und ein Schulmeisterglaube an Strenge, Drill und Auswendiglernen.

Herrschende Meinung um 1866, als John in die Schule kam, war:

> »Die absolute Autorität des Lehrers soll eher auf Befehl und Gehorsam als auf Abwägung und Beweis beruhen. Seine Forderungen und Entscheidungen, in welcher Form auch immer sie zum Ausdruck kommen, ob als Bitte, Forderung oder Auftrag, müssen unbestritten sein. Was er bestimmt und zum Gesetz erklärt, sollte einfach und stets als *per se* richtig gelten und vom Schüler prompt und vollständig akzeptiert werden, aus dem einzigen Grunde, weil der Lehrer als solcher der Herrscher ist.«

Ein weiteres wichtiges Element des amerikanischen Hintergrunds war ein altes, geradezu alexandrinisches Element: dass Beschulung darin bestehe, sich einen fertig vorliegenden und ausgebreiteten Stoff anzueignen. Lernen ist die Beherrschung dieses Stoffs, und die richtige und adäquate Überprüfung besteht darin festzustellen, ob das Kind den Stoff auswendig wiedergeben kann.

Die Vermögenspsychologie war die Lehre, dass der Mensch verschiedene Fähigkeiten besitzt, z. B. Gedächtnis, Vernunft, Genauigkeit, Unterscheidungsvermögen, Phantasie und dergleichen. Ein solches Vermögen galt als eine vollkommen für sich selbst bestehende Eigenschaft. Die Fähigkeit des Erinnerns etwa erinnerte sich von selbst, nicht die Person erinnerte sich oder argumentierte oder unterschied oder stellte sich etwas vor. Jedes solcher Vermögen konnte ganz für sich allein geübt werden, so dass es später seine eigentümliche Leistung besser vollbrachte, und zwar gleichgültig, welchen Inhalt es bei der Übung verwendet hatte oder wie es diszipliniert worden war.

Als Dewey seine ersten Schriften veröffentlichte,[18] war dieser Hintergrund zwar schon blass geworden, aber immer noch wirksam. Alle genannten Elemente stützten einander, um ein vollständiges System auszumachen. Jedes Unrechttun eines Kindes erforderte Strafe, sowohl um die Autorität des Gesetzes zur Geltung zu bringen, als auch um die persönliche Autorität des Lehrers zu wahren. Die verderbte Natur des Kindes erklärte, warum es sich nicht für seine Aufgaben interessierte, die doch zu seinem Besten angeordnet worden waren. (Mark Twain erklärte damals: Es ist gänzlich gleichgültig, was in der Schule gelernt wird, solange es nur dem Schüler zuwider ist.) Und da außerdem das Schulleben als Vorbereitung und Ertüchtigung für das zukünftige Leben galt, war die Kindheit eine Zeit der Vorbereitung und Disziplinierung für die Erwachsenenzeit. Besonders die Disziplinierung natürlicher Impulse war wichtig, weil ein Kind von Natur aus zum Bösen tendiere und dem Guten abgeneigt sei. Wenn ein Kind das, was man von ihm verlangte, nicht gern tat, war gerade seine Abneigung ein Zeichen dafür, dass diese Forderung besonders gut für es war. Während seine Fähigkeiten geübt wurden, war es nicht nötig, dass der Inhalt seiner Studien für es im Augenblick schon eine Bedeutung haben musste. Gesucht wurde die Übung, die Ausübung einer schon vorhandenen Fähigkeit. Wenn dieses Vermögen erst einmal trainiert war, konnte man es auf jeden Inhalt anwenden.

Zwar waren unter dem Einfluss Johann Heinrich Pestalozzis, Friedrich Wilhelm August Fröbels und Johann Friedrich Herbarts viele dieser scheinbar selbstverständlichen Annahmen schon ins Wanken gekommen; Dewey fand zu seiner eigenen Auffassung jedoch erst, nachdem er auch deren Theorien kritisch unter die Lupe genommen hatte. Eine besonders wichtige Stufe stellt hier Deweys *Interest as Related to Will* (1895)[19] dar. Dieser Essay beginnt mit einer biologischen Psychologie. Der Organismus, in diesem Falle das Kind, steht notwendigerweise, wenn das Leben weitergehen soll, in Interaktion (Wechselwirkung) mit der Umwelt. Genau das ist Leben. Wir sind heute mit dieser organistischen Auffassung so vertraut, dass wir uns kaum vorstellen können, welche Veränderung der Weltbetrachtung sie bedeutete. Diese Psychologie ging auf William James zurück, der sich wiederum auf Darwin bezog. Dewey macht im Weiteren die explizite Annahme, dass das Kind als menschliches Wesen ein Selbst, ein Ich ist und nicht einfach ein intelligentes Tier. Diese Ichheit unterscheidet das Kind vom Tier, obwohl sie eine ganz natürliche Anlage ist. Sie ist die Grundlage der menschlichen Intelligenz und des selbstkritischen Verhaltens. Sie zeigt sich in der Fähigkeit, aus tierischen Impulsen bewusste Absichten zu bilden, sowie darin, Mittel im Lichte erwarteter Konsequenzen auszuwählen. Wenn dies geschieht, identifiziert sich das Selbst mit seinen Zielen, denn nur so kann es ein Selbst sein. Das war Deweys Lösung des Streites zwischen Interesse und Anstrengung. Hier trennte sich der Weg der Progressiven von dem der Traditionalisten.

Für die Progressiven ist das Kind ständig in Aktion. Es ist immer schon auf etwas aus. Wenn der Drang zu handeln groß genug ist und die umgebenden Bedingungen hinreichend neu und schwierig sind, wird das Kind nach einer gewissen Überlegung irgendein Objekt oder Ziel wählen, das es im Augenblick als seinen Zweck und seine Absicht akzeptiert. Damit identifiziert es sich mehr oder weniger. Diesen Sachverhalt nutzt Dewey für seine Definition von Interesse und Anstrengung. Interesse ist die Innenseite dieses Kindes, wenn es so von einer Absicht besessen ist, dass es sich für sein ersehntes Ziel erwärmt und seine Aufmerksamkeit darauf richtet, seinen Zweck zu erlangen. Von außen sehen wir jetzt seine Bewegungen beim Handeln, die nicht nur nach unserer Beobachtung dazu tendieren, das ersehnte Ziel herbeizuführen, sondern ganz bewusst zu diesem Zweck vollzogen werden. Wenn wir das sehen, sagen wir, dass das Kind sich anstrengt, sein Ziel zu erreichen. Interesse und Anstrengung sind also strikt Korrelative, nicht zwei entgegengesetzte Dinge, sondern dasselbe Ding, dieselbe Aktivität, die aus zwei Blickwinkeln gesehen wird.

Das Wesen der alten Entgegensetzung lag in einem gemeinsamen Irrtum. Man glaubte, ein Selbst sei eine Art von Sache, die man von außen in Gang setzen müsse, sich selbst überlassen sei es dagegen träge. Die eine Seite versuchte dementsprechend, das Kind zu verlocken, indem sie die Dinge für Kinder »interessant« machte. Die andere Seite wollte das Kind nicht verweichlichen und tendierte dazu, es mit Gewalt zu bewegen. Beide Seiten haben Unrecht, da das Kind immer schon aktiv ist. Es wartet nicht darauf, interessiert oder gezwungen zu werden. Es ist immer schon in Interaktion mit seiner Umwelt und sucht sich zunehmend bewusst seine Ziele und Mittel.

Philosophie und Paideia

In seiner 1932 erschienenen intellektuellen Autobiografie schrieb John Dewey:

»Obwohl ich keine Rechenschaft über meine intellektuelle Entwicklung geben kann, ohne ihr den Anschein einer Kontinuität zu geben, die sie in Wirklichkeit nicht besitzt, gibt es doch vier besondere Punkte, die hervorzustechen scheinen. Einer ist die Wichtigkeit, die die Praxis und die Theorie der Erziehung für mich gehabt haben: besonders die Erziehung der Jüngeren, denn ich bin niemals imstande gewesen, viel Optimismus hinsichtlich der Möglichkeiten ›höherer‹ Erziehung zu empfinden, wenn sie auf deformierten und schwachen Fundamenten steht. Dieses Interesse verband Interessen zu einer Einheit, die sonst getrennt geblieben wären – das an Psychologie und das an sozialen Institutionen und dem gesellschaftlichen Leben. Ich kann mich nur an einen einzigen Kritiker erinnern, der angedeutet hat, mein Denken sei allzu sehr von dem Interesse an Erziehung durchdrungen. Obgleich viele Jahre lang ein Buch mit dem Titel *Demokratie und Erziehung* dasjenige war, in dem meine Philosophie, wie sie ist, am vollständigsten dargelegt war, ist mir nicht erinnerlich, dass, im Unterschied zu Lehrern, philosophische Kritiker jemals darauf Bezug genommen haben. Ich habe mich oft gefragt, ob solche Tatsachen bedeuten, dass Philosophen, die doch selbst gewöhnlich Lehrer sind, Erziehung im Allgemeinen so wenig ernst genommen haben, dass ihnen gar nicht in den Sinn gekommen ist, ein vernünftiger Mensch könnte es wirklich für möglich halten, Philosophieren solle sich auf die Erziehung als das höchste menschliche Interesse konzentrieren, ein Interesse, in dem sich darüber hinaus noch andere, kosmologische, moralische, logische Probleme zuspitzen. Auf alle Fälle sei mir dieser Hinweis an alle zukünftigen Kritiker gestattet, die davon vielleicht Gebrauch machen wollen.«[20]

An dieser Einschätzung hat sich wenig geändert: Philosophie und Pädagogik gelten als zwei verschiedene Disziplinen, die allenfalls durch ein »und« miteinander verbunden werden. Lange Jahre hindurch war *Demokratie und Erziehung* das einzige Buch von Dewey, das man hierzulande im Buchladen kaufen konnte – erst in letzter Zeit hat sich die Situation geändert. Und so ist Dewey als »Klassiker der Pädagogik«, kaum dagegen als Philosoph bekannt. Aber recht besehen ist die Trennung zwischen Philosophie und Pädagogik seltsam: Die erste europäische Philosophie von Rang war eine Philosophie der Erziehung – Platons *Staat* ist ebenso eine Philosophie der Erziehung wie ein Buch über die Erziehung zur Philosophie. Wenn Dewey Philosophie als »die Theorie der Erziehung in ihrer allgemeinsten Gestalt« bestimmt,[21] dann kann er damit direkt an Platon anknüpfen. Dewey begründet diese enge Verbindung von Philosophie und Paideia zunächst mit einigen kaum strittigen Beobachtungen.[22]

Betrachtet man die Philosophie von den Problemen her, mit denen sie sich gewöhnlich befasst – dem Verhältnis von Geist und Materie, von Seele und Körper, von Mensch und physischer Welt, von Individuum und Gesellschaft, von Theorie und

Praxis –, dann zeigt sich, dass der Ursprung dieser Probleme in den Konflikten und Schwierigkeiten des gesellschaftlichen Lebens der Zeit liegt. Denn wie leicht ersichtlich, spiegeln diese Trennungen und Gegensätze typische Klassengegensätze wider, die sich zuerst in Athen, später in den verschiedensten Formen im ganzen Abendland wiederfanden. Philosophien arbeiten das heraus, was die Menschen aufgrund ihrer Erfahrung über die Natur, über sich selbst und die Natur und Mensch umfassende Wirklichkeit gedacht haben, aber sie sind nicht die Erfinder dieser Probleme. Philosophie ist deshalb immer durch ihren Versuch einer Zusammenschau definiert worden; ihr Inhalt wie ihre Methode sind immer in einem gewissen Sinne allgemein, umfassend und abschließend. Sie ist immer der Versuch, die vielfältigen Einzelheiten auf ein oder wenige Prinzipien zurückzuführen. Diese einheitliche, widerspruchslose und vollständige Anschauung der Wirklichkeit ermöglicht jene Weisheit, die im Namen »Philosophie« steckt. Denn Weisheit, »sophia«, ist nicht bloßes Wissen, sondern zeigt sich in der Lebensführung, in einem bestimmten Verhalten.

Genau diese Verbindung der Philosophie mit der Lebensführung unterscheidet die Philosophie von den Wissenschaften *qua* Wissenschaften. Die Gesetze und Tatsachen der Natur als solche verpflichten den Naturwissenschaftler nicht zu einer bestimmten Lebensauffassung. Erst wenn sich diese Kenntnis als solche auf das Verhalten auswirkt, geht Wissenschaft in Philosophie über. Daraus ergibt sich eine bestimmte Präzisierung: Nicht Allgemeinheit, Totalisierung und Endgültigkeit allein können das ausmachen, was Philosophie ist. So schließt ja schon das Wesen der Erfahrung Vollständigkeit und Endgültigkeit aus. Nicht der stoffliche Gehalt ist entscheidend, sondern die geistige Haltung gegenüber der Welt. Erst wenn wir fragen, welche Art dauernder praktischer Einstellung zur Welt uns die Enthüllung der Naturwissenschaft abverlangt, stellen wir eine philosophische Frage.

Wenn Philosophie also in einem bestimmten Sinne durch den Anspruch auf Totalität charakterisiert ist, dann meint das nicht quantitative Summierung, sondern Einheitlichkeit und Widerspruchslosigkeit unserer Reaktion auf die Vielheit der Ereignisse. Totalität bedeutet Zusammenhang unseres Tuns – die Verbindung einer früheren Art zu handeln mit den Abänderungen, die der neuen Sachlage entsprechen. Totalität bedeutet die Erhaltung des Gleichgewichts in einer Vielheit verschiedener Handlungen, so dass alle einander Sinn verleihen und durch einander Sinn erhalten. Ebenso müssen Endgültigkeit und Allgemeinheit verstanden werden: als Drängen nach, als Dringen auf Zusammenhang.

Philosophie ist also das Nachdenken darüber, was das Erkannte von uns verlangt. Während Erkenntnis Sache der Wissenschaft ist, ist für die Philosophie Denken charakteristisch. Denken ist zukunftsorientiert, es wird durch eine Unfertigkeit ausgelöst, zielt auf Beseitigung einer Störung ab. Deshalb ist Philosophie immer hypothetisch. Sie ist eine Aufgabe, sie bezeichnet etwas, was getan werden muss. Ihr Wert liegt nicht in Lösungen, sondern darin, dass sie Schwierigkeiten herausstellt und auf mögliche Methoden zu deren Überwindung hinweist. Man könnte also sagen, dass Philosophie das seiner selbst bewusst gewordene Denken ist, Denken, das seine Stelle, seine Funktion und seinen Wert in der Erfahrung allgemein erkennt und formuliert.

Das Bedürfnis nach Totalität erwächst insbesondere aus den einander widerstreitenden Interessen: Es entsteht die Suche nach einem umfassenden Gesichtspunkt, von dem aus die Widersprüche versöhnt werden können, so dass die Erfahrung wieder einheitlich wird. Das erklärt auch das Vorhandensein der vielen einander widersprechenden Philosophien: In einer Welt wirklicher Ungewissheiten kann es nur Vorschläge geben, keine endgültigen Lösungen.

Hier nun zeigt sich der enge Zusammenhang zwischen Philosophie und Paideia: Philosophie entspringt immer aus weit verbreiteten und weithin empfundenen Problemen der sozialen Wirklichkeit. Sie ist eine Art Gericht über die Vergangenheit und stellt eine Wertordnung für das menschliche Verhalten her. Die Mittel zur Realisierung der Umgestaltungen, die eine Philosophie als erwünscht andeutet, öffentliche Agitation, Propaganda, gesetzgeberische und Verwaltungsmaßnahmen, sind nur insoweit wirksam, als sie geistige und sittliche Haltungen abändern. Nun ist Erziehung der Vorgang der Formung grundlegender geistiger und emotionaler Dispositionen für das Verhalten gegenüber der Natur und den Mitmenschen. Insofern ist Philosophie eine allgemeine Erziehungstheorie, während Erziehung eine Form der praktischen Anwendung dieser Theorie ist.

Gegenüber den Wissenschaften, die ihre Ziele immer als gegeben voraussetzen und Wege zu ihrer Erfüllung zeigen, hat die Philosophie eine doppelte Aufgabe. Zum einen sollte sie die gegebenen Ziele im Hinblick auf den jeweiligen Stand der Wissenschaft kritisieren. So hat sie das Veralten von Werten durch Erschließung neuer Hilfsquellen – also etwa einer bestimmten Art Naturauffassung wie der mythischen, die durch die Erschließung technischer Hilfsmittel veraltet ist – oder die Unrealisierbarkeit von Werten aufzuzeigen. Zum anderen hat sie die Ergebnisse der Einzelwissenschaften nach deren Bedeutung für zukünftige Bestrebungen auszulegen. Die Erziehung ist gleichsam das Laboratorium, in dem philosophische Formulierungen praktisch werden und erprobt werden können.

Die griechische Philosophie begann erst, Philosophie zu sein und nicht länger Naturwissenschaft, als sie unter den Druck von

Erziehungsaufgaben geriet. Sokrates' Wegwendung von Anaxagoras und der Naturwissenschaft und seine Hinwendung zu Fragen nach der »Arete«, der menschlichen »Güte«, markiert diesen Wendepunkt. Kann »Tugend« gelehrt oder gelernt werden? Was ist Lernen? Was ist Erkennen? Das waren die Fragen, mit denen er die Philosophie vom Himmel auf die Erde herabholen wollte. Wenn sich in Athen die Philosophie allmählich auch zur reinen Philosophie fortentwickelte, so ist der Zusammenhang von Philosophie und Erziehung doch immer greifbar geblieben.

Die Hintergründe von Deweys Philosophiebegriff

Was in *Demokratie und Erziehung* teils wie eine Sammlung traditioneller Merkmale, teils wie ihre Reinigung aussieht, erweist sich in der *Erneuerung der Philosophie* als tiefer begründet. Betrachtet man nämlich die Entstehung der Philosophie, erkennt man deutlicher die Mittlerrolle, die sie zu spielen hat.

Dewey beruft sich auf die anthropologische Einsicht, dass das gewöhnliche Bewusstsein des gewöhnlichen Menschen eher ein Geschöpf der Wünsche als das Instrument der theoretischen Forschung ist. Menschen lassen sich stärker von Hoffnungen und Ängsten, von Liebe und Hass leiten als von der Vernunft, und sie organisieren ihre Ideen eher emotional und dramatisch als rational. Menschen werden eher von der Erinnerung als vom Denken angetrieben, und das Gedächtnis ist eher eine dramatische Phantasie als eine getreue Aufzeichnung von Ereignissen. So entstehen die ersten Überzeugungen und Traditionen der Menschheit: Es sind keine rationalen Welterklärungen, sondern dramatische Dichtungen, Ausdruck von Hoffnungen und Sehnsüchten.

Dewey teilt diese Auffassung vom Ursprung unserer Erkenntnis mit Schopenhauer, für den unsere Erkenntnis zunächst ebenfalls im Dienste des »Willens« steht; ja, Schopenhauer kann in gewissem Sinne sogar als der Stammvater des »Instrumentalismus« angesehen werden, da für ihn Erkenntnis ein »Hilfsmittel, μηχανή, zur Erhaltung des Individuums und Fortpflanzung des Geschlechts« ist.[23] Der rationalen Erkenntnis voraus geht aber der bloße Wille, der blinde Drang, Trieb, Gefühl, Phantasie, Einbildungskraft. Dies ist das Material, aus dem schließlich die Philosophie erwächst. Dazu bedarf es aber zweier weiterer Voraussetzungen.

Die erste Stufe ist die der gesellschaftlichen Verallgemeinerung und Zentralisierung von Ideen. Auf diese Weise entstehen Kosmogonien und Kosmologien sowie die größeren ethischen Traditionen – oft unter dem Zwang politischer Herrschaft, um Prestige und Autorität des Herrschers zu erweitern. Organisation und Verallgemeinerung der Ideen sind aber nur die notwendige, nicht die hinreichende Bedingung der Entstehung von Philosophie. Philosophie ist immer auch ein rationales und logisches System und eine intellektuelle Demonstration. Dewey erklärt dieses Merkmal der Philosophie aus der Notwendigkeit, die moralischen Regeln und Ideale, die im traditionellen Kodex verkörpert sind, mit dem Tatsachenwissen zu versöhnen, das inzwischen derart angewachsen war, dass es einfach nicht länger ignoriert werden konnte. Dewey stellt diese Entwicklung so dar:

»Lange Zeit besteht das auf Imagination beruhende System von Glaubensüberzeugungen, das eng mit den moralischen Gewohnheiten sowie den emotionalen Bedürfnissen und Befriedigungen einer Gemeinschaft verknüpft ist, in enger Verbindung mit dem wachsenden System des Tatsachenwissens. Wo immer nur möglich, sind sie miteinander verknüpft. An anderen Punkten verbieten ihre Inkonsistenzen eine engere Verzahnung, diese beiden Dinge werden vielmehr auseinandergehalten, als ob sie zu verschiedenen Abteilungen gehörten. Da das eine mit dem anderen nur lose verbunden ist, wird ihre Unvereinbarkeit nicht empfunden, und es besteht kein Bedürfnis, sie zu versöhnen. In den meisten Fällen werden die beiden Arten geistiger Erzeugnisse auseinandergehalten, weil sie zum Eigentum verschiedener sozialer Klassen werden. Die religiösen und dichterischen Vorstellungen, die einen definiten sozialen und politischen Wert und eine dementsprechende Funktion erhalten haben, sind, als Besitz der höheren Klasse, direkt mit den herrschenden Elementen in der Gesellschaft verknüpft. Die Arbeiter und Handwerker, die das prosaische Tatsachenwissen besitzen, nehmen eher einen niedrigen sozialen Status ein, und ihre Art des Wissens wird von der sozialen Missachtung affiziert, die für den Handwerker empfunden wird, der sich mit Tätigkeiten befasst, die für den Körper nützlich sind.«[24]

Man kann sich diese Entwicklung so veranschaulichen:

Überzeugungen

Quelle	Emotion, Phantasie	Beobachtung
Vorgeschichte	Tradition, Brauch	Alltagserfahrung der Gewerbe
1. Stufe	System von Glaubensüberzeugungen (emotionale Bedürfnisse, moralische Gewohnheiten)	Tatsachenwissen
Gesellschaftliche Stufe	höhere Klassen	niedere Klassen
Konflikt	Autorität	Wissenschaft
2. Stufe	Rationalisierung	Beweis

Ursprung der Welterklärungen

In diesem Konflikt ist die Philosophie als Methode rationaler Untersuchung und Beweisführung entstanden, die die traditionellen Vorstellungen auf eine neue Grundlage stellen und die Tradition reinigen sollte, während sie gleichzeitig die moralischen und sozialen Werte der Tradition uneingeschränkt beibehielt. Was bislang auf Brauch beruhte, sollte jetzt auf einer Metaphysik des Seins und des Universums gegründet sein. »Metaphysik ist ein Substitut des Brauchs als Quelle und Garant höherer moralischer und sozialer Werte«[25] – das ist das Thema der abendländischen Philosophie, wie sie von Platon und Aristoteles entwickelt wurde. Der Ursprung der Philosophie liegt in dem Versuch, die beiden verschiedenen Arten geistiger Erzeugnisse, Glaubensvorstellungen, die letztlich moralisch befriedigend sind, und Tatsachenwissen, das auf Beobachtung und Experiment beruht, miteinander zu versöhnen.

Aus dieser These folgt für Dewey zweierlei. Auf der positiven Seite sieht er die Aufgabe der Philosophie darin, die traditionellen Vorstellungen und Werte auf der Basis des positiven Tatsachenwissens zu kritisieren. Andererseits beruhen hierauf auch seine drei wesentlichen Kritikpunkte an der traditionellen Philosophie. Die Philosophie war in seinen Augen *erstens* immer apologetisch, weil sie sich den Interessen der herrschenden Klassen verpflichtet fühlte: Sie hatte sich vorgenommen, den wesentlichen moralischen Kern aus den bedrohten traditionellen Glaubensvorstellungen der Vergangenheit zu retten – aber auf eine Weise, die vom Geist und Inhalt der sozialen Institutionen, zu deren Stütze die moralischen Vorstellungen dienten, niemals radikal verschieden gewesen ist. Ein typisches Beispiel der Neuzeit ist für Dewey Hegel, der die Aufgabe übernahm, im Rahmen eines rationalen Idealismus die traditionellen Lehren und Institutionen zu rechtfertigen, die von dem neuen Geist der Wissenschaft und der Demokratie bedroht waren.

Ein *zweiter* Kritikpunkt bezieht sich auf den Anschein von Unerschütterlichkeit und Endgültigkeit, den sich die Philosophie gab: Ihre apologetische Tendenz zeigt sich in ihrer Neigung zu unerschütterlichen Gewissheiten, während sie doch in Wahrheit nicht mehr als Hypothesen anbieten kann – denn eben das ist das Wesen des Denkens.

Der *dritte* Kritikpunkt betrifft die daraus erfolgende Neigung der Philosophie zu einer Zwei-Welten-Theorie, zum Dualismus, der Trennung in eine noumenale und eine phänomenale Welt – der Hauptangriffspunkt der deweyschen Philosophie. Das reflexive Denken versuchte seinerseits, eine ebenso durchdringende Universalität zu erreichen, wie sie vorher die emotionalen Überzeugungen besessen hatten. Die Philosophie schuf sich eine noumenale Realität als Gegenbild zur Welt der alltäglichen Erfahrung, welche die Domäne des positiven Wissens blieb.

Dieser Rückblick auf die Entstehung der Philosophie in Athen macht deutlicher, warum sich Dewey bei seiner Darstellung der Philosophie nicht einfach nur auf die traditionellen Merkmale philosophischer Systeme stützen kann, sondern sie gleichzeitig kritisieren muss. Er hebt auf diese Weise den bleibenden Kern dessen heraus, was Philosophie immer war und was sie sein kann und sollte: Als das seiner selbst bewusst gewordene Denken vermittelt sie zwischen dem positiven Tatsachenwissen einerseits und den traditionellen Vorstellungen vom Guten andererseits, jenem emotionalen Bereich von Phantasien, Wünschen, Hoffnungen usf., die dem Leben einen Sinn geben – den Werten.

Der enge Zusammenhang zwischen Philosophie und Erziehung – Erziehung als das Praktischwerden der Philosophie – macht verständlich, warum Dewey »seine Philosophie« in einem Buch über Pädagogik darstellen konnte: Eine Theorie, die für die Praxis der Erziehung keine Folgerungen ergibt, kann nur künstlich sein.[26] Denn Philosophie ist eine Form des Denkens, »die, wie alles Denken, ihren Ursprung hat in all dem, was im Erfahrungsinhalt unsicher ist, die darauf abzielt, die Art der Unsicherheiten und Schwierigkeiten festzustellen und Hypothesen für ihre Aufklärung zu entwerfen, die dann am wirklichen Handeln nachgeprüft werden müssen«[27]. Im Verhältnis von Philosophie und Erziehung wiederholt sich nur ein Muster, das für alle Theorie überhaupt gilt: Denken entsteht in einer problematischen Situation und dient der Aufklärung dieser Situation, um eine Neuanpassung im Handeln zu ermöglichen. Der Aufbau des Buches *Demokratie und Erziehung* ist selbst nur ein Beispiel dieser ganz allgemeinen Struktur der Forschung oder einer methodischen Untersuchung (*inquiry*).

Das Wesen einer Untersuchung

Es überrascht vielleicht, dass Dewey, der »amerikanischste« aller amerikanischen Philosophen, in so unmittelbarer Weise – wenn auch kritisch genug – an die Tradition der griechischen Philosophie anknüpft: nämlich an die enge Verbindung von Philosophie und Pädagogik. Es sind viel weniger die Sophisten, die ihm dabei als Vorbild dienen, als vielmehr Sokrates und dessen Methode der »Maieutik«, der Hebammenkunst. Es lässt sich sogar genau das Vorbild für Deweys Begriff von Denken oder methodischer Untersuchung (*inquiry*) angeben: nämlich das Gespräch, das Sokrates im *Menon* mit einem jungen Sklaven über ein mathematisches Problem führt.

Platons Menon

Dieses Gespräch lässt sich zwanglos in vier Abschnitte einteilen:

(1) Die Problemstellung. Der junge Sklave weiß, was ein Quadrat ist, wie sich Sokrates überzeugt, der ihm ein Quadrat (a, b, c, d) samt den beiden Mittellinien in den Sand zeichnet.

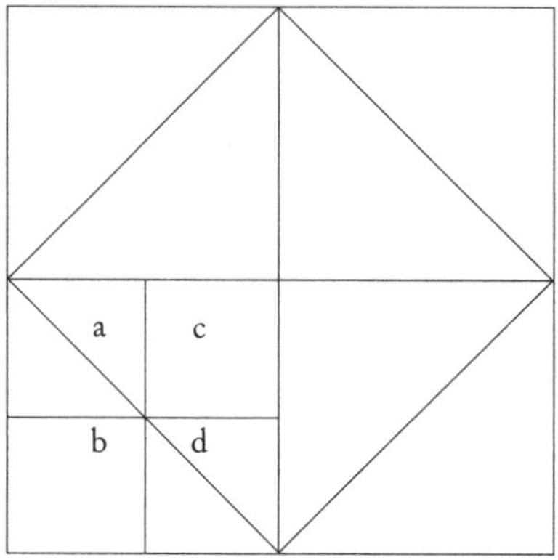

Abb. 4

Der Knabe weiß auch, was der Rauminhalt eines Quadrates von der Seitenlange zwei Fuß ist, und er weiß, was es heißt, den Rauminhalt zu verdoppeln. Er versteht infolgedessen die Frage des Sokrates, wie groß die Seitenlänge sein muss, wenn man ein Quadrat mit dem doppelten Rauminhalt erzeugen will. Seine erste Antwort auf die Problemstellung lautet: Man muss die Seitenlänge verdoppeln. An diesem Punkt unterbricht Sokrates das Gespräch mit dem Knaben und wendet sich Menon zu, mit dem er sich einig darüber ist, dass der Knabe etwas zu wissen glaubt, es aber nicht weiß.

(2) *Der Fehlschlag.* Sokrates macht dann dem Knaben anhand der Zeichnung klar, dass bei doppelter Seitenlänge der Inhalt nicht verdoppelt, sondern vervierfacht wird. Nach einem weiteren Versuch des Knaben mit der Seitenlänge von drei Fuß und dem Beweis des Sokrates, dass dies keine Verdoppelung ergibt, sondern einen Inhalt von neun Fuß, muss

der Knabe eingestehen, er kenne die Lösung des Problems nicht.

(3) *Die Aporie.* Sokrates hält diesen Zustand des Knaben für besser als den der Einbildung, er kenne die Lösung: Die Aporie ist der erste Schritt zur Lernbereitschaft.

(4) *Die Lösung.* Der Knabe findet die Lösung unter Anleitung des Sokrates, nämlich ein Quadrat auf der Diagonalen zu errichten.

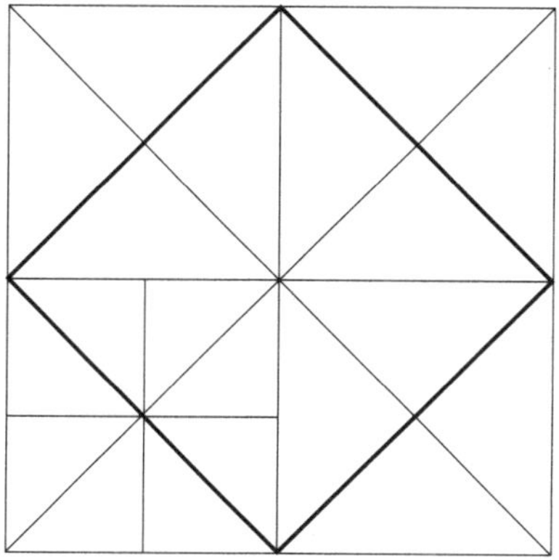

Abb. 5

Sokrates interpretiert diesen Erkenntnisvorgang als Wiedererinnerung und glaubt damit eine Erklärung des Lernvorgangs zu geben. Wie auch immer man diese Deutung des Sokrates beurteilt – und sie hat Voraussetzungen wie die Unsterblichkeit der Seele, die man nicht zu teilen braucht –, insgesamt entspricht dieses Lehrgespräch der Methode des Sokrates, dem Gesprächspartner nicht eine Lösung aufzudrängen, sondern sie ihm zu entlocken. Der für alle frühen Dialoge bestimmende Gang ist immer der, das Gegenüber in eine Aporie zu führen, in einen Zustand, den Menon mit der Lähmung durch einen Zitterrochen vergleicht. Diese Lähmung ist aber äußerst nützlich, weil erst sie das Suchen nach einer Lösung des Problems einleitet: »Glaubst du nun, er würde sich vorher bemüht haben, das zu suchen oder zu lernen, was er nichtwissend glaubte zu wissen, ehe er, überzeugt, er wisse nicht, in Verwirrung geriet und sich nach dem Wissen sehnte?« (84 c) Die Aporie muss als Aporie empfunden werden, um den Prozess der Nachforschung, des »Suchens« (84 b9) in Gang zu setzen. Will man die Schritte benennen, die der Knabe zu durchlaufen hat, so könnte man sie so einteilen:

(1) Entstehen einer unklaren Situation, des Problems
(2) Aporie
(3) vorgeschlagene Lösungen und ihre Überprüfung
(4) Lösung und ihre Bestätigung

Die Struktur der Untersuchung

Dewey wandelt dieses Schema nur leicht ab:[28]

(1) *Die vorgängigen Bedingungen der Untersuchung*: die unbestimmte Situation. Dewey betont, dass die Situation objektiv verworren ist. Unklarheit, Verworrenheit, Unbestimmtheit sind Eigenschaften, die die Wirklichkeit charakterisieren, denn die Wirklichkeit selbst ist nicht determiniert.
(2) *Die Problemstellung*. Diese Situation wird als problematisch empfunden. Die Art, wie das Problem begriffen wird, entscheidet darüber, welche spezifischen Vorschläge zur Lösung aufgenommen und welche fallen gelassen werden, welche Daten ausgewählt und welche verworfen werden.

(3) *Die Bestimmung einer Problemlösung.* Die Tatsachen werden daraufhin überprüft, welche Eigenschaften für die Lösung des Problems zur Verfügung stehen und welche Lösungsmöglichkeiten sich anbieten. Denn keine Situation, die vollständig unbestimmt ist, kann in ein Problem mit definiten Konstituentien verwandelt werden. Eine mögliche Lösung des Problems wird durch die Bestimmung faktischer Bedingungen nahegelegt, die durch Beobachtung gesichert werden. Die mögliche Lösung stellt sich selbst als Idee dar: Ideen sind vorweggenommene Konsequenzen (Voraussagen) dessen, was geschehen wird, wenn bestimmte Handlungen unter Berücksichtigung beobachteter Bedingungen ausgeführt werden. Eine Idee bezeichnet also eine Möglichkeit.

(4) *Die Beweisführung* (symbolische Prüfung, rationaler Diskurs). Die Bedeutung der Ideen muss in ihrem Verhältnis zueinander entwickelt werden. Diese Überprüfung besteht darin zu überlegen, was die fragliche Bedeutung im Verhältnis zu anderen Bedeutungen in dem System impliziert, dessen Element sie ist. Sobald eine Hypothese erst einmal vorgeschlagen ist, wird sie in Beziehung zu anderen begrifflichen Strukturen entwickelt, bis sie eine Form erhält, in der sie ein Experiment anregen und lenken kann. Denken ist Probehandeln mithilfe von Symbolen.

(5) *Der operationale Charakter von Tatsachen und Bedeutungen.* Diese beiden Elemente, die beobachteten Tatsachen einerseits, die begrifflichen Elemente, die Idee als Hypothese andererseits, stehen miteinander in Beziehung – als Klärung des vorliegenden Problems und als Vorschlag einer möglichen Lösung. Wie kooperieren sie nun bei der Lösung des Problems? Die Ideen sind insofern operational, als sie weitere Operationen der Beobachtung anregen und lenken; sie sind Vorschläge und Pläne, um auf bestehende Bedingungen

> zu reagieren, um neue Tatsachen ans Licht zu bringen und die ausgewählten Tatsachen in einem kohärenten Ganzen zu organisieren. Ebenso sind die Tatsachen operational: Sie dienen als Beweismaterial. Einige beobachtete Tatsachen verweisen auf eine Idee, die für eine mögliche Lösung steht. Diese Idee ruft weitere Beobachtungen hervor usf.

Die angemessene Ausgestaltung dieses Modells (*pattern of inquiry*) stellt für Dewey die Grundform dessen dar, was er »eine Erfahrung machen« nennt. Eine Erfahrung (*an experience*, was etwa dem deutschen »ein Erlebnis« entspricht: also eine bestimmte abgeschlossene, individualisierte Erfahrung) hat mehrere »Phasen« oder Aspekte wie Zweifel, Emotionen, Versuch einer ersten Orientierung (Wahrnehmungsphase), Manipulationsphase (Experimentierphase), Vollendungsphase[29] usf.[30] Jede dieser Phasen hat ihren eigenen Verlauf und ihre eigene Logik und jede spielt eine bestimmte Rolle bei der Lösung des Problems, um dessentwillen das bewusste Handeln eingesetzt, die bestimmte Erfahrung gemacht wird. Sobald aber eine Phase aus ihrem Zusammenhang gerissen wird, entsteht eine gänzlich verzerrte Vorstellung vom Erkenntnisprozess.

Demokratie und Erziehung (1916)

Es ist verhältnismäßig einfach, diese Struktur der Untersuchung hinter dem Plan von *Demokratie und Erziehung* zu erkennen. Bezogen auf das spezielle Problem der Erziehung ist zu untersuchen:

(1) Welches ist die problematische Situation im Bereich der Erziehung?
(2) Welche Aporie folgt daraus?

(3) Welche Lösung lässt sich denken?
(4) Der rationale Diskurs.
(5) Welche Bestätigung lässt sich denken?

(1) Die problematische Situation nennt Dewey das »Gleichgewicht der Kräfte«.[31] Er versteht darunter die Auffassung, dass Erziehung aus einer Vielzahl isolierter Gebiete oder Interessen bestehe, deren jedes seinen eigenen selbständigen Wert, seinen eigenen Stoff und seine eigene Methode habe, so dass sich in der Erziehung eine Art Gleichgewicht der Kräfte ergibt, wenn jedes durch die anderen entsprechend begrenzt wird.
(2) Eine solche Auffassung von Erziehung steht im Widerspruch zu dem grundlegenden Prinzip der Erfahrung überhaupt, dem Kontinuitätsprinzip (Prinzip der Stetigkeit).
(3) Um eine Lösung der Schwierigkeiten zu finden, müssen wir der Entstehung dieser Aporie in der Geschichte nachgehen und
(4) eine methodische Untersuchung anstellen: Was ist Erziehung? Was will Erziehung? Wie kann man Erziehung verwirklichen?
(5) Die praktischen Folgen: Wie müsste eine Neugestaltung unserer Schulen aussehen, wenn Erziehung auf dem Prinzip der Stetigkeit aufgebaut sein soll?

Was macht eine menschliche Gemeinschaft aus?

Der Grundgedanke Deweys über den Zusammenhang von Demokratie und Erziehung folgt aus Deweys Erfahrungsbegriff. Dewey geht von einer elementaren Beobachtung biologischer Natur aus: »Das Streben nach Selbsterhaltung liegt im Wesen des Lebens.«[32] Auf einer höheren Stufe der Organisation, auf der Ebene des menschlichen Gemeinschaftslebens, hat diese natürliche Tatsache eine ganz spezifische Form angenommen:

Die Selbsterhaltung von menschlichen Gruppen, von Gesellschaften vollzieht sich derart, dass die soziale Gruppe den Sinngehalt ihrer Erfahrung ständig erneuert, während die Individuen, aus denen sie besteht, durch Tod und Geburt wechseln. Eine Gruppe von Menschen ist anders organisiert als eine tierische Gemeinschaft. Der Verkehr zwischen Menschen besteht darin, dass sie ihre Erfahrungen miteinander teilen. Die letzte Bedeutung jeder Art von Beziehung zwischen Menschen liegt in ihrem Beitrag zur Verbesserung der Qualität der Erfahrung. Trägt eine Beziehung dazu bei, die Erfahrung der übrigen Menschen zu steigern oder zu mindern? Werden andere Menschen durch die Beziehung reicher, besser, empfänglicher? Wird ihre Erfahrung bedeutungsvoller oder wird sie stumpf und dumpf, eingeschränkt und unglücklich?

In dieser Weitergabe der Erfahrung im gesellschaftlichen Umgang liegt das Wesen der Erziehung, und zwar der unsystematischen wie systematischen: Auf diese Weise werden Sprache, Glauben, Ideen, soziale Normen, Gewohnheiten des Handelns, Denkens und Fühlens, Ideale, Erwartungen, Regeln und Meinungen erworben. Hier liegt der charakteristische Unterschied zwischen einer menschlichen und einer tierischen Gemeinschaft, zwischen menschlichen Staaten und »Staaten« von Bienen oder Ameisen. Das entscheidende Merkmal einer menschlichen Gemeinschaft ist das wechselseitige Anteilhaben an Zwecken, eine Gemeinschaft der Interessen.

Eine Gemeinschaft entsteht durch Kommunikation. Das unterscheidet sie von funktionalen Ganzheiten wie etwa einer Maschine. Etwas genauer ausgedrückt: Eine Gemeinschaft konstituiert sich durch die Weitergabe von Dispositionen, d.h. von tief liegenden Strukturen, die das Verhalten steuern. Was ermöglicht es, eine Interessengemeinschaft zu bilden? Die Anteilnahme an der Erfahrung der anderen; und die Fähigkeit dazu wird durch

Erziehung erworben. Erziehung besteht in der Befähigung, an einem gemeinschaftlichen Leben teilzunehmen. Und genau darin liegt auch der Wert einer Institution.

Deweys Definition von Erziehung

Auf der Basis dieses Grundgedankens definiert Dewey Erziehung als »diejenige Rekonstruktion und Reorganisation der Erfahrung, die die Bedeutung der Erfahrung erhöht und die Fähigkeit, den Lauf der folgenden Erfahrung zu leiten, vermehrt«[33].

Diese Definition ist keine Beschreibung dessen, was Erziehung *ist*, sondern dessen, was sie sein *sollte*: Man kann hier einen Wert aus einer Tatsache ableiten. Die Praxis der Erziehung richtet sich immer nach gewissen Vorstellungen, die man sich vom menschlichen und insbesondere kindlichen Geist macht. Eine statische Auffassung vom Geist hat eine Erziehung zur Folge, die gerade das nicht erreicht, was sie eigentlich erreichen will: nämlich die Erfahrungen der sozialen Gruppe erfolgreich weiterzugeben. Sobald man sich also über das, was Erziehung ist, Gedanken macht, entwirft man auch ein Bild davon, was Erziehung im besten Fall sein könnte. Wie im Begriff der Philosophie sind im Begriff der Erziehung Elemente angelegt, die man von falschen, von ideologischen und unwissenschaftlichen Verkrustungen befreien muss, um die darin angelegten Möglichkeiten zu erfassen.

Das demokratische Ideal

Welche Art der Erziehung ist wünschenswert? Jede Art Gesellschaft ist durch gewisse Eigenschaften wie bestimmte gemeinsame Interessen aller Mitglieder sowie durch einen spezifischen

Betrag an Interaktion und Kooperation mit anderen Gruppen charakterisiert. Die entscheidende Frage ist nur, wie vielfältig diese Interessen sind, wie ausgeprägt und frei die Interaktion ist. Nehmen wir dies als Kriterium zur Beurteilung von Gesellschaften, so lässt sich aus der Gesellschaft *de facto* das Ideal der Gesellschaft *de iure* konstruieren. Man kann das Beispiel einer Familie zur Illustration heranziehen: Die Erfahrung jedes Mitglieds einer Familie ist für alle anderen Familienmitglieder wertvoll. Unter den Umständen einer Tyrannenherrschaft dagegen, die sich isoliert auf die Furcht stützt, verliert die Erfahrung jedes Einzelnen an Weite, Sinn und Bedeutung: Hier herrscht nur Mangel an Wechselseitigkeit der Interessen; nicht ständige Neugestaltung, sondern Beharren ist das Ziel.

Diese beiden Elemente des Kriteriums, gemeinsames *Interesse* und Wechselwirkung bzw. Zusammenarbeit, verweisen auf das demokratische Ideal. In einer wirklichen Demokratie wird das wechselseitige Interesse als Faktor in der Regelung sozialer Beziehungen anerkannt; die Wechselwirkung führt zu dauernder Umgestaltung. »Demokratie ist mehr als eine Regierungsform; sie ist in erster Linie eine Form des Zusammenlebens, der gemeinsamen und miteinander geteilten Erfahrung.«[34]

Man muss an dieser Stelle noch einmal daran erinnern, welche Bedeutung der Begriff des Interesses für Dewey hat. Dewey kämpft gegen eine Theorie, die dem Kind eine angeborene Trägheit unterstellt, die von außen überwunden werden müsse, sei es, indem man ihm die Dinge, die es lernen soll, »interessant macht«, sei es durch Gewalt. Dieser Vorstellung setzt er den richtig verstandenen Begriff des Interesses entgegen, der auf die Verflechtung von Ich und Welt verweist. Der menschliche »Geist« bezeichnet nichts in sich Geschlossenes und in sich Vollständiges, sondern ist »die Bezeichnung für einen Handlungsverlauf, soweit dieser verständig gelenkt wird, d. h. soweit Ziele und Zwecke in ihn eingehen und eine Auswahl der zu ihrer Verwirklichung geeigneten Mittel erfolgt. Intelligenz ist nicht ein abgesondertes Etwas, das man besitzt oder nicht besitzt, sondern jemand ist in demjenigen Grade intelligent, in dem seine Betätigungen die bezeichneten Eigenschaften besitzen.« Der menschliche Geist ist keine wie immer geartete Substanz, sondern die Qualifikation bestimmter menschlicher Handlungen. Der letztlich von Descartes herrührende Dualismus, der den Geist zu einer denkenden Substanz macht, die der ausgedehnten Substanz, der Welt, gegenübersteht, hat für die pädagogische Theorie katastrophale Folgen gehabt. Der menschliche Geist ist kein Ding, keine Substanz, sondern eine Funktion, eine Eigenschaft des menschlichen Verhaltens. Und um diesen funktionalen Charakter noch deutlicher zu machen, betont Dewey, dass seine Betätigungen – intelligent oder nicht – nicht ausschließliches Eigentum eines Einzelnen sind, sondern etwas, an dem er teilhat, in das er einbezogen ist. »Der von ihm unabhängige Wandel anderer Dinge, das Handeln anderer Personen unterstützt oder hindert ihn. Die Handlung eines Menschen mag einen bestimmten Vorgang einleiten: wozu dieser Vorgang führt, das hängt von dem Zusammenwirken seiner Teilhandlungen mit den aus anderen Quellen fließenden Energien ab. Der ›Geist‹ ist ein Faktor, der mit anderen teilhat an der Herbeiführung gewisser Folgen.«[35]

Interesse ist also das Gegengift gegen die dualistische Trennung von Geist und Welt.

»Der Geist und die Welt der zu lehrenden Tatsachen und Dinge werden nur allzu häufig einander gegenübergestellt; die Seele wird als ein getrennt von der Welt bestehendes Etwas mit nur ihr eigenen, unabhängig von der Welt wirkenden Zuständen und Akten betrachtet. Erkenntnis gilt dann als die äußerliche Anwendung geistiger Wesenheiten auf die Welt der erkennbaren Dinge oder als das Ergebnis der Eindrücke, die die Dinge der Außenwelt auf die Seele machen, oder als eine Verbindung von beidem. Der Stoff der Erkenntnis wird als etwas in sich Vollständiges, unabhängig von irgendeinem erkennenden Subjekt Vorhandenes gedacht; er ist dazu da, um erkannt zu werden, sei es, indem der Geist absichtlich auf ihn wirkt und sich seiner aktiv bemächtigt, sei es, indem er auf den passiven Geist ›Eindruck macht‹.«[36]

Dementsprechend besteht das Problem des Unterrichts darin, einen Gegenstand zu finden, »der den Schüler zu Aktivitäten veranlasst, die einen von ihm als bedeutsam anerkannten Zweck, ein Interesse für ihn haben, so dass die Objekte nicht als ›Turngerät des Geistes‹, sondern als Mittel zur Erreichung von Zielen behandelt werden«.[37]

Aus dem *Wechselwirkungsmodell* des menschlichen Geistes folgt Deweys theoretische Begründung für sein Erziehungsideal, das dauernde Weiterlernen. *Der Sinn der Erziehung in einem demokratischen Gemeinwesen ist es, die Einzelnen zur Fortführung der Erziehung zu befähigen. Zweck und Lohn des Lernens ist die Fortdauer der Fähigkeit zu wachsen. In einer demokratischen Gesellschaft muss dieser Gedanke auf alle Mitglieder der Gesellschaft angewandt werden.* Wachstum und Entwicklung haben kein Ziel außerhalb ihrer selbst. »Wenn wir nach Zielen der Erziehung suchen, so handelt es sich darum nicht um solche, die außerhalb des Erziehungsvorganges liegen und denen die Erziehung unterzuordnen ist [...]. Es handelt sich für uns vielmehr um den Gegensatz zwischen Zielen, die innerhalb des Vorgangs liegen, den sie beeinflussen, und solchen, die von außen gesetzt werden.«[38]

Erkenntnistheorie

Der letzte Grund der oben genannten Dualismen, die dem demokratischen Ideal im Wege stehen, ist die Klassentrennung (die auch die Klassentrennung von Mann und Frau, von adlig und niedriggeboren einschließt): Diese Trennungen verhinderten den freien Wechselverkehr. Die sich daraus ergebenden Gegensätze sind mehrfacher Art:

(1) Erfahrungswissen (Besonderes) und höhere, rationale Erkenntnis (Allgemeines)
(2) der Doppelsinn von Bildung: Ergreifen von fertigen Wahrheiten (Wissen) und Sich-Bilden (Erkennen)
(3) aktives und passives Erkennen
(4) Intellekt und Gefühl
(5) Erkennen und Handeln: Geist als Ziel des Tuns und Körper als Mittel

In der Zusammenfassung des 25. Kapitels entwirft Dewey eine systematische Übersicht über klassische Positionen der Erkenntnistheorie:

»Soziale Scheidungen, die den vollen und freien Verkehr behindern, führen dazu, dass Verständnis und Erkenntnis der Mitglieder der getrennten Klassen einseitig werden. Diejenigen, deren Erfahrung sich auf nützliche Dinge erstreckt, die von den diesen Dingen übergeordneten ferneren Zielen abgeschnitten sind, sind praktisch Empiristen; diejenigen, die sich der denkenden Betrachtung eines Reiches der Sinngehalte hingeben können, an deren tätiger Erzeugung sie keinen Anteil haben, sind praktisch Rationalisten. Diejenigen, die mit den Dingen in unmittelbare Berührung kommen und ihnen ihr Handeln unmittelbar anpassen müssen, sind in Wirklichkeit Realisten; diejenigen, die den Sinngehalt dieser Dinge von der Wirklichkeit ablösen und sie einer sogenannten religiösen oder geistigen Welt zuweisen, sind in Wirklichkeit Idealisten. Diejenigen, denen es auf Fortschritt ankommt, die bemüht sind, die überlieferten Anschauungen zu ändern, betonen den individuellen Faktor im Erkenntnisvorgang; diejenigen dagegen, die es als ihre Hauptaufgabe betrachten, der Veränderung Widerstand zu leisten und die überlieferte Wahrheit zu erhalten, betonen das Allgemeingültige und Festgelegte –

usw. Die philosophischen Systeme mit ihren entgegengesetzten Theorien der Erkenntnis bilden eine ausgesprochene Formulierung der Züge, die für diese losgelösten und einseitigen Abschnitte der Erfahrung kennzeichnend sind – einseitig, weil die sozialen Scheidewände die Bereicherung und Ergänzung der Einzelerfahrungen durch die der anders eingestellten Einzelerfahrung verhindern.«[39]

Die verschiedenen philosophischen Systeme sind also gleichsam Versteinerungen bestimmter Phasen der Erkenntnis.

Wahrnehmung	Emotion	Reflexion	Handlung	Erfüllung
			Empiristen	
				Rationalisten
Realisten				
	Idealisten			
		Progressivisten		
		Traditionalisten		

Derselbe Dualismus nimmt in den Theorien der Moral die Form des Dualismus von Charakter und Verhalten an. Auch hier kann man die Theorien der Moral daraus ableiten, dass gewisse Phasen der Handlung versteinert werden. Der Prozess der Neuorientierung, für den man die Verantwortung auf sich nimmt, also moralisches Handeln, enthält Faktoren, die eigentlich in Kontinuität zu sehen sind, aus denen aber einzelne Theorien einzelne Teile herausgelöst haben: das Ich, das Interesse, die Pflicht, die Neigung, den Charakter usf. Eine philosophische Theorie, die der Fülle der Erfahrung gerecht werden will, muss gegen diese Spaltungen und die daraus entstehenden Verzerrungen die Kontinuität, die Stetigkeit setzen. Deweys Antwort auf die Dualismen und ihre Folgen ist die pragmatistische Erkenntnistheorie.

(1) Die neuere Psychologie ermöglicht nämlich ein ganz anderes Bild vom Erkenntnisvorgang. »Das Gehirn ist das Werkzeug einer beständigen Neugestaltung des menschlichen Tuns im Sinne der Aufrechterhaltung seines Zusammenhangs, d.h. es dient einer solchen Abänderung des zukünftigen Handelns, wie sie durch das frühere Handeln notwendig gemacht wird.«[40] Der Zusammenhang des Handelns unterscheidet das menschliche Tun vom Mechanismus.
(2) Der Darwinismus sichert die Erkenntnis, dass das Lebewesen ein Teil der Welt ist, ihre Unsicherheit teilt und sich nur dadurch am Leben erhalten kann, dass es sich geistig mit der Umwelt identifiziert und in Voraussicht dessen, was geschehen wird, seine eigene Tätigkeit einrichtet. Wenn das lebendige Geschöpf aber in die Vorgänge der Welt, zu der es gehört, so fest verwickelt ist, dann ist das Erkennen eine Form der Beteiligung an diesen Vorgängen und in dem Maße wertvoll, wie es Wirkungen erzielt. »Es kann nicht das müßige Anschauen eines Beobachters sein.«[41]
(3) Das Entstehen der experimentellen Methode trägt dazu bei, die Erkenntnistheorie umzugestalten. Zur Erkenntnis gehört nicht nur das Umgestalten der Wirklichkeit selbst, das Experiment: Schon das Denken ist ein Experiment.

Die Aufgabe der Erkenntnis besteht darin, *eine* Erfahrung für andere Erfahrungen frei verfügbar zu machen. Das Wort »frei« bezeichnet den Unterschied zwischen dem Prinzip der Erkenntnis und dem der Gewöhnung. Dewey hat dafür ein sehr einprägsames Beispiel: »Wilde reagieren auf einen Kometen so, wie sie gewohnheitsmäßig auf alle Ereignisse reagieren, die ihr Leben bedrohen. Sie erschrecken wilde Tiere oder ihre Feinde durch Schreien, Gongschläge, Schwingen der Waffen usw., und sie verwenden die gleiche Methode, um den Kometen zu verscheuchen. Uns erscheint diese Methode offenkundig töricht.« Der zivilisierte Mensch dagegen betrachtet den Kometen nicht als eine von anderen Vorgängen unabhängige Erscheinung. »Wir reagieren auf seine Beziehungen, nicht auf das, was sich unmittelbar ereignet.« Deshalb ist unsere Handlung viel freier.

Der wesentliche Zug der pragmatischen Erkenntnistheorie liegt darin, dass sie den Zusammenhang zwischen Lernen und einer die Umgebung zielgerichtet umgestaltenden Tätigkeit betont. Sie behauptet, Erkenntnis in dem strengen Sinne von etwas, das wir besitzen, bestehe aus all unseren geistigen Hilfsquellen, aus all den Gewöhnungen, die unser Handeln intelligent machen. Nur das ist wirkliche Erkenntnis, was in unsere Dispositionen so eingegangen ist, dass es uns hilft, unsere Umwelt unseren Bedürfnissen und unsere Wünsche und Ziele unserer gegebenen Lage anzupassen. Erkenntnis umfasst nicht nur das, was uns zum Bewusstsein kommt, sondern alle diejenigen Verhaltensdispositionen, die wir bewusst benutzen, um das zu verstehen, was um uns herum geschieht. Erkennen als Vorgang bedeutet, dass wir uns im Hinblick auf die Beseitigung einer Schwierigkeit einige von unseren Dispositionen zum Bewusstsein bringen, indem wir den Zusammenhang zwischen uns und der Welt, in der wir leben, erfassen.

Philosophie der Erziehung

Es gibt in den späteren Schriften Deweys wohl kaum ein Thema, das nicht schon in *Demokratie und Erziehung* angeklungen ist, freilich unter dem spezifischen Aspekt, den dieses Buch nahelegte. Vor allem ein Punkt charakterisiert schon *Demokratie und Erziehung*, der in den späteren Schriften immer deutlicher hervortritt, nämlich die enge Verbindung von systematischer Theorie mit Ideengeschichte. Man kann die gegenwärtigen

Theorien nicht verstehen, wenn man nicht ihren Zusammenhang mit der Geschichte sieht – das ist ein Grundmotiv Deweys, das erklärt, warum seine Bücher fast immer gleichmäßig auf systematische wie historische Untersuchungen hinauslaufen. Dafür ist *Die Erneuerung der Philosophie* ein typisches Beispiel. Die Kontinuität ist immer Rekonstruktion, die Umarbeitung von schon vorhandenen Ideen.

Die Hauptaufgabe der Philosophie zum gegenwärtigen Zeitpunkt aber ist die Überwindung der verschiedenen Formen des Dualismus, den wir in allen Theorien, Institutionen, Begriffen und Philosophien mit uns herumschleppen. Wir müssen verstehen, wie dualistisches Denken entstanden ist, wie es sich ausgewirkt hat, was daran inakzeptabel ist, wo wir seine Spuren finden und wie wir es überwinden können. Dann sehen wir, welche Veränderungen sich in allen Begriffen vollziehen, im Begriff des Wissens und der Erkenntnis, der Wahrheit, des Geistes, des Objekts und Subjekts.

II. Der experimentelle Empirismus

Die Suche nach Gewißheit (1929)

Die neue Einleitung zu Erfahrung und Natur

Dewey hatte bemerkt, dass sein zentraler Begriff der Erfahrung häufig missverstanden wurde: Gemäß einer tief verwurzelten Gewohnheit wurde er so aufgefasst, als bezeichne er ein Erlebnis, gleichsam die subjektive Seite einer Erfahrung, während Dewey immer wieder betont hatte, dass, mit einem Ausdruck von William James, »Erfahrung« ein »doppelläufiges« Wort ist wie »Leben« und »Geschichte« und viele andere Begriffe, nämlich ein Wort, das die subjektive und die objektive Seite zusammen enthält:

»›Erfahrung‹ bezeichnet das gepflanzte Feld, die gesäten Saaten, die eingebrachte Ernte, den Wechsel von Tag und Nacht, Frühling und Herbst, feucht und trocken, Hitze und Kälte, die beobachtet, gefürchtet, ersehnt werden; Erfahrung bezeichnet auch den, der pflanzt und erntet, der arbeitet und genießt, hofft, fürchtet, plant, Magie oder Chemie zu Hilfe nimmt, der niedergeschlagen oder voller Triumph ist. Erfahrung ist ›doppelläufig‹ in dem Sinne, dass sie in ihrer primären Ganzheit keine Trennung zwischen Akt und Material, zwischen Subjekt und Objekt kennt, sondern sie beide in einer unanalysierten Totalität enthält.«[42]

Die Missverständlichkeit dieses Ausdrucks schien Dewey jedoch so groß, dass er plante, ihn ganz fallen zu lassen und durch den Ausdruck »Kultur« zu ersetzen, weil dieser inzwischen gut eingebürgerte Begriff nicht nur die Gegenstände, sondern auch das Wissen, die Kenntnisse, kurz die persönliche Seite deutlich zum Ausdruck brachte.

Das Missverstehen des Erfahrungsbegriffs ist symptomatisch für eine Entwicklung der Philosophie, die nicht mehr imstande ist, die Subjekt- und die Objektseite zusammenzudenken. Dewey zeichnet mit kurzen Strichen die Geschichte dieser Trennung nach. Aristoteles konnte den menschlichen Geist noch als den Kulminationspunkt der Natur denken. Als aber in der Neuzeit die Natur, das Physische, mit dem Materiellen identifiziert wurde, trat der Geist der Natur und der Materie als eine von ihnen vollständig getrennte Substanz gegenüber. In diesem Augenblick entstehen alle Probleme der neuzeitlichen Philosophie, die auf der Frage beruhen, wie dieses Innerliche zu dem Äußerlichen kommen kann. Es entsteht so etwas wie eine Erkenntnistheorie, die in dem Augenblick, wo die neuzeitliche Naturwissenschaft ihre größten Triumphe feiert, in der Philosophie zu der Fragestellung führt, wie Erkenntnis überhaupt möglich sei.

Wir werden dieser Geschichte später etwas ausführlicher nachgehen. Hier sollte nur der Zusammenhang deutlicher werden, in dem Dewey sagt:

»Der Dualismus von Geist und Materie liefert den gegenwärtig herrschenden philosophischen Problemen vielleicht nicht mehr offen ihre raison d'etre. Die Annahmen, die der kosmischen Dichotomie zugrunde liegen, sind freilich nicht eliminiert worden; ganz im Gegenteil, sie sind die bleibende Quelle von Problemen, die die Aufmerksamkeit gerade derjenigen Philosophen auf sich ziehen, die sich selbst rühmen, das philosophische ›Denken‹ einer vergangenen Epoche durch eine Behandlungsweise ersetzt zu haben, die so genau ist, wie die früheren Diskussionen nachlässig waren.«[43]

In seiner Autobiografie berichtet Dewey, wie er sich allmählich von Hegel gelöst, aber ein Erbe zurückbehalten habe: die Überwindung der Spaltungen zwischen den verschiedenen Bereichen des Geistes und der Natur. Der große Gegenbegriff zum Dualismus ist bei ihm deshalb der Begriff der Kontinuität. Dewey sucht nach der Kontinuität von Geist und Natur, so wie es sich schon im Begriff der Erfahrung zeigte. Erfahrung ist nicht nur Erfahrung von der Natur, sie ist auch ein Teil der Natur, sie ist ein bestimmtes Stück des Reagierens eines Organismus auf die ihn umgebende Umwelt. Überall setzt Dewey gegen die Trennungen die Verbindung, gegen die Trennung der Moral vom Leben ihren Zusammenhang, gegen die von Theorie und Praxis ihre Einheit, gegen die von Kunst und Leben ihre Kontinuität. Der Begriff von Erfahrung, den Dewey »rekonstruiert«, ist tatsächlich erst mit der Entstehung der neuen Naturwissenschaft, der neuen Biologie und der neuen Technik möglich geworden. Um den Kontrast zu der vorangehenden Metaphysik deutlich zu machen, soll die antike Auffassung der Wirklichkeit der modernen gegenübergestellt werden.

Um sich die klassischen Auffassungen von Wirklichkeit und Erkenntnis zu vergegenwärtigen, braucht man nur an die Darstellungen anzuknüpfen, die Dewey in immer erneuten Anläufen von der alten Welt gegeben hat. In der *Suche nach Gewißheit* geht Dewey der Frage nach, wie die weit verbreitete Missachtung der Praxis gegenüber der Theorie zu erklären ist. Den Ausgang nimmt er von der Tatsache der unsicheren Welt und den beiden Formen, darauf zu reagieren, durch Veränderung der Welt und durch Veränderung seiner selbst. So entwickeln sich gleichsam zwei Reihen:

	Theorie	Praxis
	Emotion, Idee	Handeln
	Bittgebete, Opfer, zeremonielle Riten, magische Kulte	Künste, Techniken
Bewertung als gut oder schlecht	Muße, Wissen, Denken	Arbeit
	müßige Klasse	Sklaven, Knechte
	Geist	Körper
	immateriell	materiell
	gewiss	ungewiss
	nicht-offenes Handeln	offenes Handeln
religiöse Disposition	rituelle Akte	technische Akte
	heilig	profan
	höher stehender Bereich	tiefer stehender Bereich

Reaktionen auf die Unsicherheit der Welt

Wie schon oben ausgeführt, entsteht die Philosophie als der Wechsel vom emotionalen zum rationalen Diskurs: An die Stelle des Brauchs tritt die rationale Begründung. Es entwickelt sich die Idee einer unwandelbaren Realität, die der Welt der Erscheinung gegenübersteht und die eigentliche, die »wahre« Realität ist.

Platon

So entsteht eine Zwei-Welten-Lehre, die eine deutliche Trennung zwischen den wandelbaren Gegenständen der kontingenten Welt und den unwandelbaren Gegenständen des theoretischen Wissens macht. Ein klassisches Beispiel dafür ist das Liniengleichnis bei Platon, das zwischen den wahrnehmbaren Dingen und den denkbaren Dingen einen scharfen Schnitt macht und den wahrnehmbaren Dingen zwei untergeordnete Erkenntnisarten zuweist, den denkbaren zwei übergeordnete. Zunächst teilt Platon alles Seiende in die beiden Arten des Sichtbaren und des Denkbaren, also die sich wandelnden Dinge und die Ideen:

wahrnehmbare Gegenstände (ästhetisch)		denkbare Gegenstände (noetisch)	
Abbilder Vermutungen	Dinge Für-wahr-Halten	geometrische Bilder Verstandesgewissheit	Ideen Vernunft-einsicht

Im Bereich des Sichtbaren nehmen den größten Bereich die Abbilder ein, wozu Schatten, Erscheinungen im Wasser u. ä. gehören; diese bilden den Bereich der gewöhnlichen Dinge ab, Tiere, Pflanzen und technisch hergestellte Gegenstände. So wie sich die Dinge zu den Abbildern verhalten, so sollen sich nun die Gegenstände aus dem folgenden Bereich, die geometrischen Abbildungen, zum Bereich der Dinge verhalten und wiederum die Ideen zu den geometrischen Zeichnungen. Die Konstruktionszeichnungen sind die Bilder der Geometer, Vierecke und Kreise und dergleichen, Nachbilder wirklicher Dinge, aber selbst nur Bilder von den ausschließlich mit dem Verstand erfassbaren Formen der Mathematik, des Vierecks-selbst, des Kreises-selbst. Diese mathematischen Gegenstände sind selbst eine Vielheit von Kreisen, Dreiecken, Zahlen usf., anhand deren die Geometer ihre Beweise führen.

Diesen vier Teilen der geteilten Linie werden nun verschiedene Seelenzustände zugeteilt, dem obersten die Vernunfteinsicht (noesis), dem zweiten die Verstandesgewißheit (dianoia), dem dritten das Fürwahrhalten (pistis) und dem vierten die Vermutung (eikasia). Ein typisches Beispiel für diese Stufenleiter des Seins und der ihr korrespondierenden Stufenleiter der Erkenntnis ist etwa (a) der Tisch, dessen Urbild Gott gemacht hat, die Idee des Tischs; wir würden heute sagen: die Definition des Tischs als eines Gebrauchsgegenstands, dessen Möglichkeit in der Natur sowohl unseres Körperbaus und unserer kulturellen Gewohnheiten wie in der Natur der Materialien vorgegeben ist, (b) die geometrischen Formen etwa der Tischplatte und der Beine, (c) der tatsächlich vorhandene Tisch als so und so gestaltete Verwirklichung dieser allgemeinen Idee oder Gattung des Tischs und (d) die verschiedenen Arten von Abbildern von Tischen, etwa in der Kunst oder in Schattenbildern usf. Nach der platonischen Auffassung sind all diesen verschiedenen Seinsbereichen verschiedene Erkenntnisformen und ein verschiedener Wahrheitsgehalt zugeordnet; die veränderliche, wahrnehmbare Seite ist der Bereich des Werdens (alles wird ständig zu etwas anderem), die unveränderliche Seite der Bereich des Seins (alles ist das, was es ist, alles ist mit sich identisch). Eben diese Einteilung der Welt in das Werden, den Prozess, und das Sein, die

Struktur oder Form, liegt sowohl seiner Ethik und Politik wie seiner Physik zugrunde.

Aristoteles

Auch die aristotelische Physik und Metaphysik, die Dewey meistens vor Augen hat, wenn er von der griechischen Philosophie spricht, wiederholt diese Zweiteilung. Man muss sich einen Augenblick lang in die Welt zurückzuversetzen suchen, in der Aristoteles lebte. Das Universum war für ihn ein geschlossenes System mit der Erde als festem Mittelpunkt, umgeben von den Fixsternen, die sich auf festen Umlaufbahnen um die Erde herumbewegen. Die Erde selbst, obwohl der Mittelpunkt, galt doch als der gröbste, materiellste, am wenigsten bedeutungsvolle Teil dieser Welt. Alles in ihr ist in ständigem Wandel begriffen, und deshalb ist sie am wenigsten rational. Zwischen diesem grob materiellen Mittelpunkt und dem immateriellen, geistigen und ewigen Himmel liegt eine feste Reihe von Bereichen des Mondes, der Planeten, der Sonne usf., die jeweils an Rang, Wert, Rationalität und wahrhaftem Sein zunehmen, je weiter sie von der Erde entfernt sind. Jede dieser Sphären hat als Materie ein spezifisches, nur ihr eigenes Mischungsverhältnis aus Feuer, Wasser, Luft und Erde, bis wir zum himmlischen Firmament gelangen, das aus einer immateriellen, unveränderlichen Energie namens Äther besteht.

Innerhalb dieses engen Universums finden immer Veränderungen statt. Aber es gibt nur eine begrenzte Anzahl von Arten der Veränderung, und sie vollziehen sich innerhalb fester Grenzen. Jede Art von Materie hat ihre eigene Bewegung, die Erde bewegt sich nach unten, Feuer nach oben. Der Äther hat die höchste aller Bewegungsformen, die kreisförmige. Die tägliche Bewegung der Planeten ist die nächstmögliche Annäherung an die Ewigkeit und die in sich selbst befangene Drehung des Geistes um seine eigene Achse. Die Erde ist ein Schauplatz der Veränderung, ein bloßes Fließen; Veränderungen der Quantität, alle rein mechanischen Bewegungen sind von dieser sinnlosen Art. Weil ihnen die feste Grenze fehlt, können sie nicht begriffen werden, sie sind unberechenbar, ein Spiel des Zufalls. Nur Veränderungen, die zu einem definitiven Ende oder Ziel führen, sind bedeutsam und können verstanden werden – von ihnen kann es einen »logos« geben. Das Wachstum von Pflanzen und Tieren gehört zu dieser Art der Veränderung, die beste, die in der sublunaren Sphäre möglich ist. Hier geht eine feste Form in die andere über – »ein Mensch zeugt einen Menschen«. Der materielle Faktor mechanischer Produktion kommt hier zwar hinzu, aber nur akzidentiell, insofern nur als etwas, was die höchste Vollendung des Typus der Spezies verhindert und nur bedeutungslose Variationen hervorbringt. Entwicklung gibt es nur in dem festen Rahmen einer Spezies, es gibt keine neuen Formen, keine Mutationen, sondern nur die ewige Wiederholung des Gleichen. Jedes Individuum ist ein Beispiel der ewigen Formen, und die Anzahl der Spezies ist begrenzt. Die Welt zerfällt in feste Arten. Alle Dinge im Universum nehmen einen festen Rang ein: Die verschiedenen Klassen, zu denen die Dinge aufgrund ihrer eigenen Natur gehören, bilden eine hierarchische Ordnung. Das Universum ist nach einem aristokratischen, Dewey sagt: »feudalen« Plan konstruiert. Alles gehört in eine Klasse, und alle Klassen haben ihre feste Stellung im Sein. Nur die Materie hindert gelegentlich die volle Erfüllung der Form. Infolgedessen sind die finalen und formalen Ursachen von höchstem Rang, während die Wirkursachen auf einem niedrigeren Rang stehen. Finalursache ist nur ein Name für die Tatsache, dass es eine feste und charakteristische Form für eine Klasse oder Art von Dingen gibt, die deren Veränderung steuert, so dass sie zu ihrem Ziel, ihrer Erfüllung[44] gelangen, worin sich ihre wahre Natur erfüllt. Die reife Form ist das Ziel, die Erfüllung des Keims. Die finale Ursache ist die vollkommene Form, die als der Grund der vorangehenden Veränderung gilt. Ohne Bezug auf diese Veränderungen betrachtet, ist sie die formale Ursache, die inhärente Natur oder das Wesen, das ein Ding zu dem macht, was es ist, soweit es überhaupt ist, nämlich als etwas, was sich nicht verändert.

In dieser Welt also ist Veränderung, Instabilität immer der Beweis dafür, dass etwas nicht in Ordnung ist, dass etwas fehlt, dass Mangel herrscht. Veränderung ist Nicht-Sein, nämlich das Fehlen von etwas Erwartetem oder Erwünschtem. Also ist die wahre Realität ohne Wandel, ohne Veränderung, immer in Ruhe. Die vollkommene Realität heißt zwar »energeia« (= am Werke sein), aber sie ist eine Aktivität ohne Veränderung. Wo es Veränderung gibt, gibt es Vielheit und Streit; die wahre Realität dagegen ist ohne Teile, unveränderlich, eine Einheit. Die Welt des Werdens kann dementsprechend nicht wahrhaft erkannt werden, weil es ihr an wahrhaftem Sein fehlt. Sie zu erkennen ist immer nur mittels der festen Formen möglich, die die Prozesse begrenzen; wo es solche Formen nicht gibt, herrscht ziellose Variation und Fluktuation; umgekehrt: Gegenstände, die sich nicht verändern, sind die Gegenstände des beweisbaren (demonstrativen) Wissens, hier gibt es die reine, unvermischte Wahrheit.

Daraus nun folgt die Überlegenheit des kontemplativen Wissens über das praktische Wissen, der theoretischen Spekulation (»theoria«) über das Tun. Reines Wissen ist Anschauen, Erblicken der Formen. Die Theorie rechtfertigt sich selbst. Ja, sie ist so sehr die in höchstem Maße selbstbezügliche und selbstgenügsame Sache im Kosmos, dass sie das höchste, das einzige Attribut ist, das Gott zugeschrieben werden kann, dem höchsten Sein in der Stufenleiter des Seins; und der Mensch ist göttlich in den seltenen Momenten, wo er diese selbstgenügsame, theoretische Einsicht erlangt. Im Vergleich dazu ist das Wissen des Handwerkers niedrig. Der Handwerker muss nämlich Veränderungen in den Dingen bewirken, in Holz und Stein, was allein schon beweist, dass es diesen Gegenständen an Form, an wahrem Sein mangelt. Dazu kommt, dass dieses Wissen nicht um seiner selbst willen besteht; es befasst sich mit Dingen, die vergänglich sind, mit dem Körper und seinen Bedürfnissen. Also liegt sein Ziel jenseits seiner selbst. Dasselbe gilt für moralisches oder politisches Handeln, das sich auf Bedürfnisse und damit auf Mangel bezieht.

Kurzum, das Maß für den Wert des Wissens ist der Grad, in dem es kontemplativ ist. Der höchste Grad ist erreicht in der Erkenntnis des letzten idealen Seins, im reinen Geist. Der Geist ist ideal, er ist die Form der Formen, weil ihm nichts fehlt, er keine Bedürfnisse hat und keine Veränderung erfährt, keine Begierden hat; also ist er vollkommene Seligkeit – der Höhepunkt der Rationalität und Idealität.[45]

Der antike Erfahrungsbegriff

Unter diesen Umständen bildete die griechische Philosophie einen Begriff der Erfahrung aus, der dem modernen Begriff beinahe entgegengesetzt ist. Die griechische Idee der Erfahrung bildete sich, als die Künste in der Hauptsache Routine, durch bloße Übung und Praxis erworbene Geschicklichkeit waren; die moderne Idee der Erfahrung dagegen entstand, als die Künste experimentell wurden; kurz gesagt, der Unterschied ist der zwischen empirischer und experimenteller Erfahrung. Dementsprechend haben Platon und Aristoteles eine sehr geringe Meinung von der Erfahrung. Im *Gorgias* sagt Sokrates:

»Ich sagte nämlich, die Kochkunst schiene mir keine Kunst (techne) zu sein, sondern Erfahrung (empeiria), wohl aber die Heilkunst, wobei ich meinte, dass diese die Natur dessen erforscht hätte, was sie besorgt, und den Grund dessen, was sie tut, und von jedem Einzelnen Rechenschaft geben kann; die andere aber an die Lust, auf welche ihre ganze Sorge gerichtet ist, offenbar ganz kunstlos herangeht, ohne weder die Natur der Lust erforscht zu haben noch ihren Grund, indem sie ganz vernunftlos, dass ich es geradeheraus sage, gar nichts berechnet, sondern nur durch Übung und Erfahrung (tribe kai empeiria) eine Erinnerung dessen erhält, was zu geschehen pflegt, wodurch sie eben die Lust herbeischafft.«[46]

»Erfahrung« bezeichnet hier einfach die Resultate, die in Erinnerung an eine Vielzahl vergangener Handlungen aufgehäuft werden, ohne jede Kontrolle durch die Einsicht oder das Verständnis von Ursachen, d.h. ohne ein Verständnis der Beziehungen von Ursache und Wirkung, von Mittel und Folge, die dabei im Spiel sind. In diesem Sinne war sie nicht-rational, un-wissenschaftlich. Genauso sagt Aristoteles: »Aus der Erinnerung nämlich entsteht für den Menschen Erfahrung; denn die Vielheit der Erinnerungen an denselben Gegenstand erlangt die Bedeutung einer einzigen Erfahrung, und es scheint die Erfahrung beinahe der Wissenschaft und der Kunst sich anzunähern. Wissenschaft und Kunst aber gehen für die Menschen aus der Erfahrung hervor.«[47] Eine typische Illustration ist ein Brückenbauer, der einfach auf der Grundlage dessen baut, was in der Vergangenheit getan worden ist und geschah, ohne Kenntnis von Druck und Zug oder ganz allgemein der physikalischen Beziehungen, die tatsächlich eine Rolle spielen; oder die Kunst der Medizin, soweit sie einfach auf den Zufällen der Heilungsmaßnahmen beruht, die in der Vergangenheit benutzt wurden, ohne Wissen, warum einige wirkten und andere nicht. Es wird ein gewisses Maß an Geschicklichkeit erreicht, aber sie ist das Ergebnis von schablonenhaften Methoden, von Versuch und Irrtum – kurz, sie ist »empirisch«.

Erfahrung stand also in keinem hohen Ansehen. Dazu trugen eine Reihe weiterer Faktoren bei: Da die Philosophie es sich zur Aufgabe gemacht hatte, den Brauch, das Herkommen durch Vernunft zu ersetzen, wurde die Erfahrung abgelehnt, weil sie als nichts anderes angesehen wurde denn als eine Sammlung von vernunftlosen Bräuchen. Die Ausbreitung des Handels führte zu der Bekanntschaft mit fremden Bräuchen, die den eigenen so sehr widersprachen, dass man die Entscheidung über Recht und Unrecht von der Vernunft erwartete. Erfahrung war also ein Wissen und eine Fertigkeit, die nicht auf dem Einblick in das Grundsätzliche beruhte, sondern das Ergebnis vieler einzelner Versuche und Irrtümer war, also das, was wir heute unter »trial and error« verstehen, wobei der Akzent auf dem Zufälligen des Ergebnisses lag.

Das Verhältnis zu den Künsten war demnach ambivalent. Sofern die Künste die Gründe und Ursachen suchten – wie etwa die Hippokratische Medizin – waren sie rational. Sofern sie aber nur auf Erfahrung beruhten, waren sie ganz und gar irrational. Die aristotelische Auffassung von den vier Ursachen etwa ist offensichtlich den praktischen Künsten entlehnt. Aber die Aneignung dieser Denkweise durch die Philosophie erfolgte auf der Basis einer Klassenteilung, in der die Sklaven und die Handwerker mit der praktischen Tätigkeit, die freien Männer mit der Politik, der Regierung usw. befasst waren. Es gab keine Gelegenheit für eine experimentelle Forschung der Freien, vielmehr waren sie damit befasst, den praktisch Tätigen die Ziele vorzuschreiben. So wurde die Natur in den Formen, die schon selbst Ziele waren, verstanden. Demgemäß wurde der kontemplative Genuss von intelligiblen Formen als Definition des wahren Wissens wie des Ziels der Natur interpretiert. Im Grunde wurde also eine moralische Theorie in eine Metaphysik verwandelt, das Gute zum Gegenstand der Bewegung der Natur. Die abschätzige Vorstellung der Erfahrung, die sich unter solchen Bedingungen bildete, gibt somit ein zutreffendes Bild der wirklichen Bedingungen; die Philosophen taten ganz recht daran, die Erfahrung als dem rationalen Denken unterlegen aufzufassen. Was sie hinzufügten, war eine ganz andere Sache. Es war eine Feststellung, dass diese Unterlegenheit mit dem Körper, mit den Sinnen, mit materiellen Dingen verknüpft war, mit dem auf ungewisse Weise sich Verändernden im Unterschied zu dem Sicheren, weil Unwandelbaren. Unglücklicherweise überdauerten ihre Theorien zur Erklärung der Mängel der Erfahrung und wurden klassisch, nachdem die Erfahrung selbst, in einigen ihrer Formen, experimentell geworden war, in dem Sinne, dass sie durch das Verständnis ihrer Bedingungen und ihrer Konsequenzen gelenkt wird.

Es ist nur ein anderer Ausdruck derselben Tatsache, dass das Verhältnis der griechischen Philosophen zur Natur nicht praktisch, sondern ästhetisch war. Dewey betont diesen ästhetischen Charakter der griechischen »Kategorien« zur Beschreibung und Erklärung natürlicher Phänomene immer wieder; denn eine Wahrnehmung ästhetischer Art ist an Dingen in ihren unmittelbaren qualitativen Eigenschaften interessiert. Die logischen Züge, die die Philosophen auf das Material der Beobachtung übertrugen, waren Harmonie, Proportion oder Maß, Symmetrie: Sie konstituieren den »logos«, der Phänomene rational erklärbar macht. Dank dieser Eigenschaften, die den Phänomenen auferlegt wurden (mochten sie auch als deren inhärente Qualitäten aufgefasst werden), sind natürliche Objekte erkennbar. Auf diese Weise verwendeten die Griechen das Denken nicht als ein Mittel, um die gegebenen Objekte der Wahrnehmung zu verändern, um die Bedingungen und Wirkungen ihres Auftretens zu beherrschen, sondern um ihnen gewisse statische Eigenschaften aufzuerlegen, die sich in ihrer wechselhaften Erscheinung nicht in ihnen fanden. Das Wesen der statischen Eigenschaften, die auf sie übertragen wurden, war die Harmonie der Form und des Musters. Handwerker, Architekten, Bildhauer, Gymnasten, Dichter hatten ihr jeweiliges Rohmaterial genommen und es in vollendete Formen verwandelt, die durch Symmetrie und Proportion gekennzeichnet waren. Sie vollendeten diese Aufgabe ohne die vorhergehende desintegrative Reduktion, die das moderne Herstellen in der Fabrik kennzeichnet.

Statt freilich die materiellen Werkzeuge der Handwerker anzuwenden, verließen die Philosophen sich ausschließlich aufs Denken. Sie entliehen die Form, die ihnen die griechische Kunst zur Verfügung stellte, in Abstraktion von ihren materiellen Anwendungen. Sie zielten darauf ab, aus der Natur, so wie sie beobachtet wurde, ein künstlerisches Ganzes für das Auge der Seele zu konstruieren. Auf diese Weise war die Natur für die Wissenschaft ein Kosmos. Sie war komponiert, aber sie war kein aus Elementen Zusammengesetztes. D. h., sie war dank der universalen und beherrschenden qualitativen Einheit ein qualitatives Ganzes, ein Ganzes, wie es ein Drama, eine Statue oder ein Tempel ist. Sie war kein Aggregat homogener Einheiten, die äußerlich in verschiedenen Modi arrangiert waren. Die Form oder Struktur, die für Dinge in ihren festen Arten charakteristisch war, war nicht etwas, was zuerst in einem entwerfenden Geist geformt und ihnen dann von außen auferlegt worden war, sondern ihre eigene, innere, wesentliche Form.

Die klassische Philosophie bemerkte den Unterschied zwischen den vollendeten Objekten in der schönen Kunst und vermittelnden Objekten in den technischen Künsten. Dinge sind instrumentell und potentiell, weil sie mangelhaft sind, also nicht real. Diese Beobachtung bildet den Anlass für eine dialektische Physik. So spaltete sich das Sein in Dinge, die mangelhaft sind, und andere, die inhärent perfekt sind. Dieser primäre metaphysische Dualismus hatte die anderen Dualismen wie den von sinnlicher Begierde und Vernunft, Einzelheit und Allgemeinheit, Mechanismus und Zielgerichtetheit, Erfahrung und Wissenschaft, Materie und Geist zur Folge. Dinge als Mittel sind sklavisch, Dinge als Ziele final, selbstgenügsam. So wird Wissen mit ästhetischer Kontemplation identifiziert und der Ausschluss des Experiments aus der Wissenschaft sanktioniert.

Erst auf diesem Hintergrund ist die griechische Vorstellung vom menschlichen Geist verständlich. Für Aristoteles ist die Seele die Form des natürlichen Körpers, der seiner Möglichkeit nach Leben hat. Beseelt zu sein heißt, lebendig zu sein. In dieser Hinsicht haben Pflanzen und Tiere genauso Seele wie der Mensch. Der Unterschied besteht nur in dem Umfang der seelischen Kräfte. Die Kraft, die allein den Menschen auszeichnet, ist die Denkkraft. Der Geist (νοῦς) ist der Teil der Seele, womit sie nachdenkt. Der Geist wird von Aristoteles als »Ort der Formen« bestimmt, er ist die Verwirklichung der Formen der Dinge in einem organischen Körper, dem Menschen. Der Geist ist die Form der Formen und damit der höchste Zweck der Natur. Zusammengefasst sind dies die für das klassische Denken typischen Züge:

(1) Die Kategorien der griechischen Erkenntnis waren ästhetisch: Sie richteten sich auf die unmittelbaren Qualitäten.
(2) Die Welt ist ein Kosmos, der in Hierarchien angeordnet ist.
(3) Den verschiedenen Arten des Seins korrespondieren verschiedene Formen des Erkennens.
(4) Wahrhafte Erkenntnis ist Kontemplation des unwandelbaren Seins.
(5) Von Veränderung gibt es keine Erkenntnis.
(6) Erfahrung bezieht sich auf das Wandelbare.
(7) Der menschliche Geist wurde dementsprechend als Aktivität

ohne Wirkung verstanden, als ein Ort, an dem Ideen angeschaut werden.

(8) Wahrheit war ein Bild der Welt.

Die kopernikanische Wende

Die Griechen entwickelten ihren Begriff vom Geist und von der Erkenntnis vor dem Entstehen einer experimentellen Naturwissenschaft; dieser Begriff blieb selbst dann noch am Leben, als durch das Aufkommen der modernen Naturwissenschaft eine ganz andere Vorstellung von der natürlichen Welt entstanden war; aus diesem Konflikt entstehen der modernen Philosophie beinahe alle wesentlichen Probleme.[48]

Die klassische Auffassung von der Welt, die klassische Physik und Metaphysik, beherrschte bis vor etwa dreihundert Jahren das Denken, selbst noch zu einer Zeit, als die wirkliche wissenschaftliche Praxis tatsächlich schon ganz andere Wege gegangen war. Das eigentliche Problem jedoch war, dass die darauf beruhenden Auffassungen vom menschlichen Geist, der Wahrheit und andere Teile dieser klassischen Konzeption beibehalten wurden, während sich die wirkliche wissenschaftliche Tätigkeit in ganz anderer Weise entwickelt hatte. Die Veränderungen, die dann tatsächlich eintraten, nennt Dewey mit Anspielung auf Kant eine kopernikanische Wende. Obwohl nun Kant diesen Ausdruck für seine spezielle Art, die Erkenntnis der Welt um das konstitutive Ich kreisen zu lassen, verwendet hatte, haftete seiner Philosophie zu viel vom alten Denken und von überholter Wissenschaft an, als dass er eine wirkliche Wende hätte vollziehen können. Was die Wissenschaft seit Galileo geleistet hatte, war viel radikaler.

Die Umkehrung hat viele Phasen, und diese sind untereinander verknüpft. Es kann nicht gesagt werden, dass eine wichtiger sei als die andere. Aber eine Veränderung ragt mit außerordentlicher Deutlichkeit heraus: Der Geist ist nicht länger ein Zuschauer, der die Welt von außen betrachtet und seine höchste Befriedigung in der Freude der sich selbst genügenden Kontemplation findet. Der Geist ist in der Welt als ein Teil ihres voranschreitenden Prozesses. Er ist als Geist durch die Tatsache charakterisiert, dass überall da, wo er auftritt, die Veränderungen in einer zielgerichteten Weise stattfinden, so dass eine Bewegung in einer definiten einsinnigen Richtung – vom Zweifelhaften und Konfusen zum Klaren, Gelösten und Beruhigten – erfolgt. Der historische Übergang, den Dewey als kopernikanische Wende bezeichnet, ist der Übergang vom Wissen als einem Betrachten von außen zum Erkennen als aktiver Teilnahme am Drama einer sich voranbewegenden Welt.

Will man sich diese kopernikanische Wende in einer ganz kurzen Form veranschaulichen, so kann man an folgendes Bild denken: Die bisherige Auffassung bestand darin, dass das Erkennen ein getreues Bild vom vorhergehenden Sein darstellte; Erkennen war also vergangenheitszugewandt:

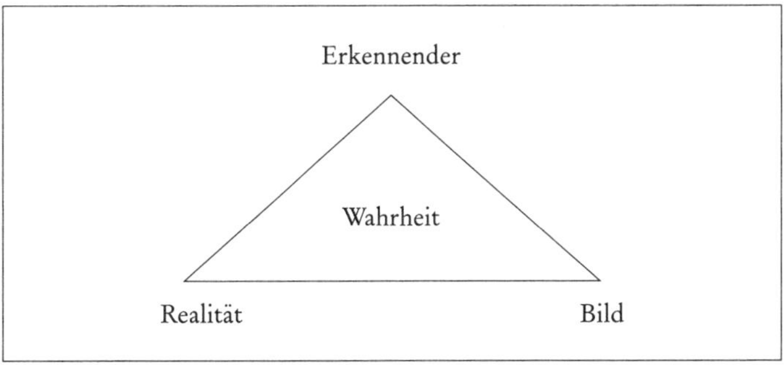

Die neue Auffassung dreht diese Verhältnisse um:

Bestehendes Sein → Handeln → Konsequenzen → Hypothesen

Das Erkennen richtet sich auf die Konsequenzen der Handlung und ist zukunftszugewandt.

Erfahrung und Erkenntnis

Bevor diese neue Auffassung von Erkenntnis sich durchsetzen konnte, musste im Zusammenhang mit der neuzeitlichen experimentellen Wissenschaft erst ein neuer Begriff von Erfahrung entstehen. Wir haben diese Modell oben dargestellt.

Phasen	Organismus	Umwelt
I. Phase	Gleichgewicht	Integration
beginnendes Ungleichgewicht	Bedürfnis, Mangel	wird zu Gegenstand
	Gefühl	nimmt neue Qualitäten an
II. Phase	Konflikt	Desintegration
	Wahrnehmung	Objekte mit neuer Bedeutung
	Reflexion	Objekte werden Daten
III. Phase	Neuanpassung durch Handlung	Objekte werden Mittel
	Manipulation	Objekte werden verändert
IV. Phase	Vollendung [*consummation*]	Objekte mit neuem, erweitertem Sinn
	ästhetische Einstellung	unmittelbarer Sinn

Es ist nicht schwer, in dieser kurzen Skizze des Erfahrungsprozesses die Grundstrukturen wiederzuerkennen, die bei Hegel als der Viererschritt von Position, Negation, Negation der Negation und erneuter Position (absolute Negativität) auftraten. Das entscheidende Merkmal der Erfahrung ist die Einheit dieser Vorgänge – das, was Dewey ihren Rhythmus nennt; die einzelnen Phasen durchdringen sich, bilden eine Erfahrungseinheit und schließen sich in einem Ergebnis zusammen. Sie spielen sich nicht nur einfach ab, sondern werden bewusst und bilden damit den Ursprung der bewussten Veränderung der Umwelt.

Im neunten Kapitel der *Suche nach Gewißheit* (»Supremat der Methode«) betonte Dewey, dass er nur eine befriedigende Definition des Geistes kenne: Geist ist Reaktion auf das Zweifelhafte als solches. Die Unbestimmtheit oder Zweifelhaftigkeit der Situation ist deren objektives Merkmal, und die Herstellung der Bestimmtheit ist eine wirkliche Veränderung der Situation. Die einzelnen Phasen dieser Reaktion sind oft auseinandergerissen worden, als Emotion, Wille und Kognition. Dewey bringt sie in die Einheit der Situation der Zweifelhaftigkeit, auf die das Handeln reagiert. Auf den Bruch der Einheit erfolgt eine emotionale Reaktion; es entsteht der Plan, die Situation zu ändern, und hier unterstützen oder hindern die Emotionen den Willen, d.h. die Zielstrebigkeit der Änderung. Hier setzt dann das Untersuchungsschema mit seinen fünf Stufen ein, das wir früher kennengelernt haben.

Die intellektuelle Analyse besteht in der Analyse der Situation, dem Entwerfen von Hypothesen, der Verknüpfung mit früheren Erfahrungen, der Bildung von Ideen. Das entscheidende Merkmal des Geistes in dieser Situation ist seine Öffentlichkeit: Die Situation wird wirklich verändert, wobei die Veränderung der Situation selbst nur in den allerseltensten Fällen (in der Ästhetik) eine Art Finalität besitzt. Normalerweise ist die geänderte Situation Ausgangspunkt für weitere Zweifel und neue Situationen. Es entsteht ein tatsächlich geändertes Objekt, das die vorher tatsächlich unbestimmte, zweifelhafte Situation klärt und beruhigt. Hier ist die Erkenntnis ein Modus des Handelns.

Das ist vielleicht der wichtigste Punkt in der vollständigen Umkehrung des Erkenntnisprozesses, den Dewey vornimmt: Während sich das Wissen, die Erkenntnis vorher auf etwas Vorherbestehendes richtete, ist sie nun etwas, das mit der Veränderung der objektiven Situation einhergeht; Erkenntnis ist auf die Zukunft gerichtet, sie bezieht sich auf die zukünftigen Konsequenzen des veränderten Objekts. Erkennen ist ein Akt, der das modifiziert, was vorher existierte. Die Wirklichkeit selbst ist kontingent und unvorhersehbar, und nur deshalb ist auch Freiheit des Handelns möglich.

Eine besondere Bedeutung kommt innerhalb dieses Phasenschemas natürlich der Manipulationsphase zu, denn die Neuanpassung erfolgt aktiv durch Veränderung der Objekte. Wir haben schon in *Demokratie und Erziehung* gesehen, welchen Wert Dewey auf die Verbindung von Tun und Leiden legt: Eine Erfahrung ist nichts Passives, sie besteht in der Herstellung eines Zusammenhangs von Absichten, Wahrnehmung, Manipulation, Erfahrung von Rückwirkungen und dergleichen.

Über die Naturwissenschaft als Fortsetzung der Erfahrung

Der Gegensatz zwischen dem klassischen Erfahrungs- und Erkenntnisbegriff und dem der Neuzeit zeigt sich am deutlichsten in den neuen Naturwissenschaften. Denn sie sind genau der Ausdruck der experimentell gewordenen Erfahrung. Ursprünglich waren die Handlungen, die sich mit einer problematischen Situation befassten, organische Antworten eines strukturellen

Typs im Verein mit einigen wenigen erworbenen Gewohnheiten. Die fortgeschrittenste Technik der gegenwärtigen Forschung ist eine Ausdehnung und Verfeinerung dieser einfachen ursprünglichen Operationen. Ihre Entwicklung hing zum größten Teil von der Nutzbarmachung physischer Instrumente ab, die dann, als die Forschung bis zu einem gewissen Punkt entwickelt war, planmäßig erfunden wurden. Im Prinzip ist die Geschichte der Konstruktion passender Operationen auf wissenschaftlichem Gebiet nicht verschieden von der ihrer Evolution in der Industrie. Irgendetwas musste getan werden, um ein Ziel zu erreichen; infolgedessen wurden verschiedene Mittel und Methoden der Operation versucht. Solche versuchsweise entworfenen Operationen nennt Dewey »Ideen«. Die Anknüpfung an den klassischen Begriff der Idee, der Form, geschieht ganz bewusst. Man musste erst den Begriff der Idee aus ihrem ideologischen Kontext befreien, um zu sehen, was damit schon immer gemeint gewesen war: der Entwurf einer möglichen Handlung. Erfahrungen von Erfolg und Fehlschlag verbesserten allmählich die verwendeten Mittel. Ökonomischere und effektivere Arten des Handelns wurden gefunden – d. h. Operationen, die die gewünschte Art von Resultat mit größerer Leichtigkeit, weniger Irrelevanz und weniger Zweideutigkeit, d. h. größerer Sicherheit hervorbrachten. Jeder Schritt nach vorne wurde von der Herstellung besserer Werkzeuge begleitet. Oft legte die Erfindung eines Werkzeugs den Gedanken an Operationen nahe, an die noch nicht gedacht worden war, als es erfunden wurde, und trug so zur weiteren Vervollkommnung der Operationen bei. Es gibt also keine erfahrungsunabhängige Überprüfung oder Regel für die Bestimmung der Operationen, die Ideen definieren. Sie werden selbst experimentell im Verlauf wirklicher Forschungen entwickelt. Sie entspringen in dem, was Menschen natürlicherweise tun, und werden im Verlaufe des Tuns überprüft und verbessert.

Der Gegensatz zwischen den klassischen Auffassungen und den modernen mag in einem Vergleich durchgeführt werden.

(1) *Qualitäten*. Die antike oder klassische Wissenschaft war, wie wir gesehen haben, vollkommen qualitativ. Die Revolution in der Wissenschaft, die mit Galilei begann, bestand dagegen in der Eliminierung der Qualitäten als Eigenschaften wissenschaftlicher Objekte als solcher. In der älteren Naturwissenschaft waren die Qualitäten, die die Gegenstände der wissenschaftlichen Erkenntnis charakterisierten, genau dieselben wie die, die Kunstwerke besaßen, also Eigenschaften, die Gegenstand eines ästhetischen Genusses sind, die schön und für die Sinne unmittelbar bedeutungsvoll waren.

In Deweys Augen stellt das Werk Galileis keine Entwicklung, sondern eine Revolution dar. Es bezeichnet für ihn einen Übergang vom Qualitativen zum Quantitativen oder Metrischen, vom Heterogenen zum Homogenen, vom innewohnenden Wesen zu Relationen, von ästhetischen Harmonien zu mathematischen Formeln, vom kontemplativen Genuss zur aktiven Beherrschung, von der Ruhe zur Veränderung, von ewigen Objekten zu temporaler Sequenz.

Was machte die neue experimentelle Methode mit den qualitativen Objekten der gewöhnlichen Erfahrung? Für die Alltagserfahrung sind die Dinge der Natur farbig, tönend, duftend, lieblich, anziehend, schön, und wir genießen sie unmittelbar; oder sie sind hässlich, scheußlich, abstoßend, und wir leiden unter ihnen. Was machte die neue Wissenschaft mit diesen qualitativen Dingen? Auf die einfachste und naivste Weise ausgedrückt: Sie setzt Daten an die Stelle von Objekten. Darin besteht zwar die experimentelle Methode nicht ausschließlich, aber das ist ihre erste Wirkung. Dass die griechische Wissenschaft sich mit Gegenständen wie Sternen, Felsen, Bäumen, Regen, den warmen und den kalten Tagen der gewöhnlichen Erfahrung befasste, ist unmittelbar verständlich. Was gemeint ist, wenn man sagt, dass die erste Wirkung der experimentellen Methode darin bestand, diese Gegenstände auf den Status von Daten zu reduzieren, ist vielleicht nicht so klar. Mit Daten wird der Stoff für weitere Interpretation bezeichnet; etwas, über das nachgedacht werden soll. Objekte sind etwas Endgültiges; sie sind vollständig. Sie fordern das Nachdenken nur in der Gestalt von Definition, Klassifikation, logischer Anordnung, Subsumtion in Syllogismen usf. Und genau das war auch ihre Auswirkung auf die klassische Logik, die eine Logik der Klassifikation war. Daten dagegen bezeichnen »Material zur weiteren Nutzung«; sie sind Zeichen und Anzeichen, Beweismaterial, Hinweise auf und von etwas, das erst noch zu erreichen ist; sie sind intermediär, nicht endgültig, Mittel, nicht Endziele.

(2) *Über den Kosmos.* Die moderne Wissenschaft tat ihren ersten Schritt, als mutige Astronomen die Unterscheidung zwischen hohen, sublimen und idealen Kräften, die im Himmel wirken, und niederen und materiellen Kräften, die irdische Ereignisse lenken, aufhoben. Die früher geltende Unterscheidung zwischen Substanzen und Kräften in der himmlischen und der irdischen Region wurde fallen gelassen. Jetzt nahm man an, dass dieselben Gesetze überall gelten, dass überall in der Natur eine Homogenität von Materie und Prozess herrsche.

In demselben Maße, wie die unterstellte feudale Hierarchie des Kosmos in eine Demokratie individueller Fakten gleichen Ranges verwandelt wurde, löste sich auch die Vorstellung auf, dass den Hierarchien des Seins verschiedene Erkenntnisarten zugeordnet seien. Die platonische Unterscheidung eines Reiches der noetischen und eines der »ästhetischen«, also sinnlichen Gegenstände wurde von einem einzigen zusammenhängenden Forschungsprozess abgelöst: Das Reich der Veränderung, das der Gegenstand von Meinung und Praxis gewesen war, wurde zum einzigen und alleinigen Gegenstandsbereich der Naturwissenschaft. Das Reich, in dem die Meinung herrschte, war nicht länger ein echter, obgleich inferiorer Teil des objektiven Seins. Es war ein strikt menschliches Produkt, das auf Unwissen und Irrtum beruhte. Ebenso war das Reich der Ideen nicht ein der Veränderung entzogenes Reich ewiger Formen, sondern ein Reich von Plänen und Entwürfen, die Handlungen anleiteten und dabei mehr oder weniger erfolgreich sein konnten.

(3) *Die Seins- und Erkenntnisbereiche: das Sinnliche und die Ideen.* Mit der neuen Vorstellung von dem Erkennen als einer Neuanpassung fallen also die alten Vorstellungen von einer Korrespondenz zwischen den verschiedenen Graden des Seins und den ihnen gegenüberstehenden Stufen des Wissens. Erkenntnis wird zu einem aktiven Vorgang, in dem alle Organe und Einstellungen ihre bestimmte Aufgabe haben.

Das Objekt der Erkenntnis ist ein Objekt, das erst noch entstehen soll – Dewey nennt es ein eventuelles Objekt; d.h., es ist das Ergebnis gelenkter experimenteller Operationen, es besteht nicht schon vor dem Akt der Erkenntnis. Mit dieser Veränderung hören sinnliche und rationale Faktoren auf, Rivalen um den ersten Platz zu sein. Sie sind Verbündete, die kooperieren, um Erkenntnis möglich zu machen. Ihre Isolierung voneinander ist Ausdruck ihrer Isolierung von der organischen Verbindung mit dem Handeln. Wenn die Theorie in Opposition zur Praxis gestellt wird, entsteht der fruchtlose Disput über die Frage, ob der Primat in der Theorie an die Sinne oder den Intellekt gehen soll. Zielgerichtete Aktivität verlangt Ideen, die über die Resultate vergangener Wahrnehmungen hinausgehen, denn sie geht darauf aus, zukünftigen und noch nicht erfahrenen Situationen zu begegnen. Aber sie hat es, sowohl im Ursprung wie im Ergebnis, mit Dingen zu tun, die nur direkt gehabt werden können, durch unmittelbare Wahrnehmung und unmittelbaren Genuss.

Vom experimentellen Gesichtspunkt aus verlangt die Kunst des Erkennens Geschicklichkeit bei der Auswahl angemessener Sinnesdaten auf der einen Seite und verknüpfender Prinzipien oder konzeptueller Theorien auf der anderen. Sie erfordert eine entwickelte und stetig progressive Technik, sich sowohl für die Beobachtungsdaten wie für die Idee zu entscheiden, die die Forschung dabei unterstützen, eine Schlussfolgerung in einem partikulären Fall zu erreichen.

Der Astronom, der Chemiker, der Botaniker gehen von dem Material der groben unanalysierten Erfahrung aus, der Alltagswelt, in der wir leben, leiden, handeln und genießen, von den vertrauten Sternen, Sonnen, Monden, von Säuren, Salzen und Metallen, Bäumen, Moosen und wachsenden Pflanzen. Dann teilt sich der Prozess der Untersuchung in zwei Arten von Operationen. Die *eine* ist die der sorgfältigen und analytischen Beobachtung, um genau zu bestimmen, was da ist, das unbezweifelbar gesehen, berührt und gehört wird. Eine Operation findet statt, um zu entdecken, welches die sicheren Daten des Problems sind, das Beweismaterial, mit dem die theoretische Erklärung rechnen muss. Die *andere* Operation besteht im Durchsuchen des früheren Wissens, um Ideen zu erlangen, die benutzt werden können, um dieses beobachtete Material zu interpretieren und den Gedanken an neue Experimente nahezulegen. Durch diese Letzteren werden mehr Daten gewonnen, und das zusätzliche Beweismaterial, das sie liefern, legt neue Ideen und weitere Experimente nahe, bis das Problem gelöst ist. Der Forscher macht niemals die Unterscheidung zwischen wahrnehmbarem und begrifflichem Material im Großen und Ganzen oder pauschal. Er ist auf jeder Stufe der Untersuchung sorgfältig darauf bedacht, zwischen dem zu unterscheiden, was er beobachtet hat, und dem, was Sache der Theorie und der Ideen ist, wobei er die Letzteren als Mittel benutzt, weitere Beobachtungen zu lenken, deren Resultate die Anwendung von Ideen und Theorien überprüfen. Schließlich wird das ursprüngliche Material in einer kohärenten und geregelten Form reorganisiert, die geeignet ist, integral in das allgemeine System der Wissenschaften einzugehen.

Wenn man begreift, dass der Erkenntnisgegenstand in der Zukunft liegt, erst noch entstehen soll (Dewey sagt: »prospektiv« und »eventuell« ist), weil er das Resultat schlussfolgernder oder reflexiver Operationen ist, die das, was vorher bestand, neu anordnen, werden die Gegenstände, die jeweils sinnlich und begrifflich genannt werden, als komplementär gesehen, die Forschung zu einer intelligenten Schlussfolgerung zu lenken.

(4) *Erkenntnis ist Handeln.* Die wissenschaftliche Revolution, die im 16. und 17. Jahrhundert begann, wurde von einer Revolution in der Haltung des Menschen zu natürlichen Ereignissen und ihren Interaktionen begleitet. Diese Transformation bedeutete eine völlige Umkehr der traditionellen Beziehung von Wissen und Handeln. Die Wissenschaft schreitet dadurch fort, dass sie die Instrumente und Handlungen der zielgerichteten Praxis übernimmt und das auf diese Weise gewonnene Wissen zu einem Mittel der Entwicklung der Künste macht, die die Natur immer weiter in den wirklichen und potentiellen Dienst menschlicher Zwecke stellen.

Soweit die Naturwissenschaft betroffen ist, bedeutet die experimentelle Methode das Ende des Versuches, wissenschaftliche Konzeptionen von Objekten in Begriffen von Eigenschaften zu bilden, die diesen Objekten unabhängig von den beobachteten Konsequenzen einer experimentellen Operation zugeschrieben werden. Da diese Lehre über die richtige Weise, Begriffe zu bilden (die darauf hinauslief, dass Übereinstimmung mit vorhergehenden Eigenschaften den Wert oder die Gültigkeit von Ideen bestimme), die Lehre war, die allen philosophischen Schulen gemeinsam war – außer der von Peirce –, kann man die auf diese Weise bewirkte logische und philosophische Transformation als weiter reichend bezeichnen als selbst die außerordentliche Entwicklung im Inhalt der Naturwissenschaft, die daraus resultierte. In Deweys Augen stellt die Theorie über den Ursprung, die Natur und die Überprüfung wissenschaftlicher Ideen eine echte Revolution dar, und zwar eine, die sich nicht rückgängig machen lässt, sollten sich auch inhaltliche Details in der Zukunft als Irrtum erweisen.

Was erkannt wird, wird als Produkt gesehen, in dem der Akt der Beobachtung eine notwendige Rolle spielt. Die Erkenntnis wird als Teilhaber gesehen in dem, was schließlich erkannt wird. Obendrein wird die Vorstellung von einer Realität untergraben, die völlig fixiert ist und deshalb mathematisch exakt beschrieben und vorausgesagt werden kann. Erkenntnis ist für die philosophische Theorie ein spezifischer Fall zielgerichteter Aktivität und nicht etwas von der Praxis Getrenntes. Die Suche nach Gewissheit mittels eines genauen geistigen Besitzes unwandelbarer Realität wird eingetauscht gegen eine Suche nach Sicherheit mittels aktiver Kontrolle des sich wandelnden Ganges der Ereignisse. Praktische Intelligenz ist nur ein anderer Name für Methode.

(5) *Veränderung*. Für die klassische Auffassung bestanden, wie wir gesehen haben, Erkenntnis wie Wissenschaft darin, sich von der Veränderung ab- und dem Wandellosen zuzuwenden. In der neuen experimentellen Wissenschaft wird Erkenntnis auf die genau entgegengesetzte Weise erzielt, nämlich durch die bewusste

Herstellung eines bestimmten und spezifischen Verlaufs der Veränderung. Die Methode der Naturwissenschaft besteht darin, irgendeine Veränderung herbeizuführen, um zu sehen, welche weiteren Veränderungen sich ergeben; die durch eine Reihe von Operationen gemessene Korrelation zwischen diesen Veränderungen macht den definiten und erwünschten Gegenstand der Erkenntnis aus.

Es gibt zwar verschiedene Grade der Kontrolle der Veränderung, die sich praktisch unterscheiden, aber das ändert nichts am Prinzip. In der Astronomie zum Beispiel kann man keine Veränderung entfernter Himmelskörper herbeiführen. Aber man kann bewusst die Bedingungen ändern, unter denen sie beobachtet werden. Durch spezielle Instrumente lassen sich die Beobachtungsdaten modifizieren. So werden Beobachtungen von weit voneinander entfernt liegenden Orten und zu verschiedenen Zeitpunkten angestellt. Auf diese Weise werden miteinander verknüpfte Variationen beobachtet. In anderen Fällen werden die Dinge, die erforscht werden, direkt beeinflusst und verändert. Der Fortschritt der Forschung ist identisch mit dem Fortschritt bei der Erfindung und Konstruktion von physikalischen Instrumenten zur Erzeugung, Aufzeichnung und Messung der Veränderungen.

Prinzipiell besteht kein Unterschied zwischen den Methoden der Naturwissenschaft und den Methoden der Technologie. Der Unterschied ist allenfalls praktisch. Die moderne Technik ist das Ergebnis der Anwendung der Wissenschaft. Und diese so genannte »Anwendung« bedeutet, dass dieselbe Art von bewusster Erzeugung von Veränderungen, die im Laboratorium stattfindet, auch in der Fabrik, im Verkehr und im Kraftwerk genutzt wird.

(6) *Erfahrung und Erkenntnis fallen zusammen.* Während die klassische Metaphysik eine deutliche Stufenleiter von der Erfah-

rung über die Kunst (τέχνη) zur Wissenschaft (ἐπιστήμη) kannte, fallen für die neuzeitliche Wissenschaft Erfahrung und Erkenntnis zusammen. Daraus ergibt sich freilich ein großes Problem für die Geistes- und Sozialwissenschaften: Weder in der Geschichts- noch in der Literaturwissenschaft gibt es Experimente, weder in der Politik noch in der eigentlichen Sozialwissenschaft kann oder darf man das Wissen auf Experimente stützen. Dewey hat das Problem deutlich gesehen und in der *Logik* darauf eine Antwort gegeben. Sozialforschung im weitesten Sinne des Wortes gleicht den Naturwissenschaften darin, dass das letzte Ziel und die letzte Überprüfung in der Transformation einer problematischen in eine vereinheitlichte Situation bestehen. Der unentwickelte Zustand der Sozialforschung lässt es aber angeraten erscheinen, die Physik als Modell zu nehmen:

»Denn wenn es überhaupt eine einzelne Lektion gibt, die den Methoden der Physik vor allen anderen entnommen werden kann, ist es die strikte Korrelativität von Tatsache und Ideen. Erst wenn es der Sozialforschung gelingt, Methoden der Beobachtung, Unterscheidung und Ordnung von Daten zu schaffen, die miteinander korrelierte Ideen wachrufen und prüfen, und andererseits die geformten und benutzten Ideen (1) als *Hypothesen* angewendet werden und (2) von einer Form sind, dass sie Operationen analytisch-synthetischer Bestimmung von Tatsachen lenken und vorschreiben, hat die Sozialforschung eine Chance, den logischen Bedingungen für die Erlangung eines wissenschaftlichen Status zu genügen.«[49]

Der Durchführung eines solchen Programms steht allerdings die überlieferte Ansicht entgegen, dass sich Wissenschaft aller Befassung mit praktischen Angelegenheiten zu enthalten habe. Für Dewey ist das nur ein weiteres Beispiel für die Trennung von Theorie und Praxis. Soziale Probleme sollten freilich nicht in moralischen Termini formuliert und ihre Lösung nicht von moralischer Billigung oder Missbilligung abhängig gemacht werden. Moralische Urteile sind nicht dasselbe wie Werturteile. Denn die Moral sucht nur Mittel für schon fertige Ziele. Wirkliche Werturteile dagegen versuchen, die Ziele auf der Basis vorhandener Mittel zu bestimmen und die Mittel vor dem Hintergrund zu beurteilen, ob sie der Lösung eines Problems dienen. Absichten sind hypothetisch und müssen also genauso den Test der Praxis bestehen wie Hypothesen in der Naturwissenschaft. Dewey zieht zur Unterstützung seiner Ansicht die Politik herbei: Jede politische Maßnahme ist eine Art Experiment und sollte es auch sein.

Zweifellos etwas schwieriger stellt sich das Problem in der Geschichtswissenschaft dar. Mit diesem Problem hat Dewey freilich nicht allein zu kämpfen. Die Frage, ob die Geschichte eine Wissenschaft sein könne oder nur Wissen, d.h. eine Sammlung von Kenntnissen, hatte das ganze 19. Jahrhundert tief bewegt – der »locus classicus« ist Schopenhauers *Die Welt als Wille und Vorstellung* (Bd. I, § 51 und Bd. II, § 38). Für Dewey unterscheiden sich die Verfahren der Historiker nicht von den experimentellen Verfahren der Naturwissenschaft. Historische Aussagen haben immer nur einen gewissen Grad der Wahrscheinlichkeit; deshalb gehören die Verfahren, die man anwendet, um den Urteilen eine gewisse Unterstützung zu geben, zu den Aussagen notwendig hinzu. Glaubwürdige Rekonstruktionen der Vergangenheit sind solche, die eine Verbindung, eine Kontinuität zwischen den vergangenen Ereignissen und einer gegenwärtigen problematischen Situation herstellen. Und hier liegt die Verbindung zwischen den Verfahren der Naturwissenschaft und der Geschichte.

Hier wie anderswo sind »wahre« historische Urteile also nur nach bestem Wissen und Gewissen »gerechtfertigte« Behauptungen; der Tatsache, dass die Geschichte ständig umgeschrieben wird, wenn sich die gegenwärtigen Bedürfnisse, Techniken, Ideen, Begriffe ändern, verleiht Deweys Ansicht große Plausibilität.

(7) *Der menschliche Geist.* Sinnesqualitäten sind etwas, was erkannt werden soll, sie sind Herausforderungen an das Erkennen, sie stellen Probleme für die Forschung dar. Wissenschaftliches Erkennen besteht darin, die Probleme zu lösen, die sie aufwerfen. Forschung schreitet durch Reflexion voran, durch Nachdenken; aber ganz entschieden nicht durch Denken, das in der alten Tradition begriffen wird, als etwas, das im »Geist« eingesperrt ist. Denn experimentelle Forschung oder Denken bezeichnet eine gelenkte Aktivität, ein Handeln, das die Bedingungen verändert, unter denen Objekte beobachtet werden, und das neue Anordnungen unter ihnen einrichtet. Dinge, die wahrgenommen werden, suggerieren (ursprünglich evozieren oder stimulieren sie sie nur) bestimmte Weisen, auf sie zu reagieren. Diese Operationen sind in der Geschichte des Menschen beständig verfeinert und verbessert worden, obgleich erst in den letzten Jahrhunderten erkannt worden ist, dass kontrolliertes Denken und die daraus resultierende Erkenntnis mit ihrer Auswahl und Bestimmung verbunden sind. So hat sich der Begriff des Geistes ganz entscheidend gewandelt. Wir haben schon in Demokratie und Erziehung Deweys Vorstellung vom menschlichen Geist kennengelernt, und wir werden unten noch mehr darüber hören. Es mag an dieser Stelle genügen, darauf zu verweisen, dass für Dewey der Geist zu einer lenkenden Kraft in der Natur geworden ist: Der menschliche Geist greift im Rahmen der wissenschaftlichen Forschung in den Verlauf der Dinge ein und verändert damit die Wirklichkeit. Somit ist der Geist nichts Inneres mehr, kein unbeteiligter Zuschauer, sondern eine wirkliche Kraft.

(8) *Wahrheit.* Nur wenige Elemente des Pragmatismus haben so viel Gegnerschaft gefunden wie die pragmatistische Wahrheitstheorie. Selbstverständlich kann diese Theorie nicht ohne den ganzen Hintergrund des veränderten Erkenntnisparadigmas gesehen werden. Eine sehr einfache Darstellung gibt Dewey in der *Erneuerung der Philosophie*:

»Die Vorstellung (sc. von der Wahrheit) [stellt] ganz und gar eine Folgerung aus der Natur des Denkens und der Ideen dar [...]. Wenn Ideen, Bedeutungen, Konzeptionen, Begriffe, Theorien, Systeme Instrumente für eine aktive Reorganisation der gegebenen Umgebung sind, für die Beseitigung eines bestimmten Problems und einer spezifischen Verwirrung, dann liegt die Überprüfung ihrer Gültigkeit und ihres Wertes in der Verrichtung dieser Aufgabe. Sind sie in dieser Funktion erfolgreich, dann sind sie verlässlich, haltbar, gültig, gut, wahr. Gelingt es ihnen nicht, die Verwirrung zu beseitigen, Mängel zu beheben, steigern sie die Konfusion, Ungewissheit und das Übel sogar noch, wenn man ihnen gemäß handelt, sind sie falsch [...]. An ihren Früchten sollt ihr sie erkennen. [...] Das, was uns zuverlässig (truly) führt, ist wahr – die bewiesene Fähigkeit zu solcher Anleitung ist genau das, was mit Wahrheit gemeint ist [...]. Die Hypothese, die sich bewährt, ist wahr.«[50]

Folgerichtig übersetzt Dewey den Begriff der Wahrheit in den Terminus der »gerechtfertigten Behauptbarkeit« (*warranted assertibility*): Da Wahrheit nicht länger ein Bild einer schon bestehenden Wirklichkeit ist, sondern die Zuverlässigkeit bestimmter Hypothesen bei der Lösung eines Problems bezeichnet, verliert die Wahrheit ihren Charakter eines zutreffenden Bildes und wird zu einem Teil eines Entwurfs, die Wirklichkeit einzurichten.

Die experimentelle Methode besteht darin, dass sie Objekte auf Daten reduziert, die erfahrenen Dinge ihrer Qualitäten beraubt. Aber diese Beraubung ist, beurteilt vom Standpunkt der gesamten Operation, von der sie einen Teil bildet, eine Bedingung der Kontrolle, die uns befähigt, die Objekte der Erfahrung mit anderen Qualitäten auszustatten, deren Besitz wir den Objekten wünschen. In ähnlicher Weise sind Denken, unsere Konzeptionen und Ideen Bezeichnungen von Operationen, die vollzogen werden sollen oder schon vollzogen sind. Infolgedessen wird ihr Wert durch das Ergebnis dieser Operationen bestimmt. Sie sind zuverlässig, wenn die Operationen, die sie lenken, uns die erwünschten Resultate liefern. Die Autorität des Denkens beruht auf dem, wozu es uns durch das Lenken des Vollzugs der Operationen führt. Es ist nicht die Aufgabe des Denkens, sich dem Charakter anzupassen, den die Objekte schon besitzen, oder ihn zu reproduzieren, sondern sie als Potentialitäten dessen zu beurteilen, was sie durch eine angezeigte Operation werden. Dieses Prinzip gilt vom einfachsten bis zum kompliziertesten Fall. Zu urteilen, dass ein Objekt süß ist, d.h. die Idee oder Bedeutung »süß« darauf zu beziehen, ohne tatsächlich Süße zu erfahren, heißt vorauszusagen, dass, wenn es geschmeckt wird – d.h. einer spezifizierten Operation unterzogen wird –, eine bestimmte Konsequenz folgen wird. Ähnlich bedeutet, die Welt in Begriffen mathematischer Formeln von Raum, Zeit und Bewegung zu denken, nicht, ein Bild des unabhängigen und fixen Wesens des Universums zu haben. Es bedeutet, erfahrbare Objekte als Material zu beschreiben, an dem gewisse Operationen durchgeführt werden.

Zusammenfassung

Blicken wir auf die Theorie von Erkenntnis und Erfahrung im klassischen Schema zurück, so sehen wir in jedem einzelnen Punkt einen kompletten Gegensatz: Geist, Wahrheit, Idee haben ihre Bedeutung ebenso verändert, wie sich der Wert von Veränderung, Handlung, sinnlicher Wahrnehmung usf. verschoben hat. Dieser Gegensatz zeigt sich spezifisch in drei Punkten:

(1) Das Denken wird vom Zuschauer zum Teilhaber, zu einer wirklichen aktiven Kraft in der Natur. Denken ist jetzt ein Modus zielgerichteten offenen Handelns. Damit hat sich auch die Bedeutung der Ideen verwandelt. Sie sind keine Abbilder einer schon bestehenden Realität mehr, sondern antizipierende Pläne und Entwürfe, die in der Veränderung der Realität wirksam werden.

(2) Ideen sind Hypothesen, nichts Endgültiges. Da sie mit erst noch zu vollziehenden Operationen verbunden sind, werden sie durch die Konsequenzen dieser Operationen überprüft, nicht durch das, was früher als sie selbst existiert. Frühere Erfahrung stellt allenfalls die Bedingungen bereit, die Ideen hervorrufen und die das Denken in Rechnung stellen muss. Begriffe und Begriffssysteme, Ziele und Pläne entstehen dauernd neu, ebenso schnell wie die, die schon in Gebrauch sind, ihre Schwächen und Stärken offenbaren. Es gibt keinen vorherbestimmten Lauf, dem sie folgen müssen. Die menschliche Erfahrung, die bewusst von Ideen gelenkt wird, entwickelt ihre eigenen Maßstäbe, und jede neue Erfahrung, die mit ihrer Hilfe konstruiert wird, ist eine Gelegenheit für neue Ideen.

(3) Das Handeln bildet das Innerste der Ideen. Die experimentelle Praxis des Erkennens beseitigt die uralte Trennung von Theorie und Praxis, wenn wir sie nur dazu benutzen, uns das Modell der philosophischen Lehre vom Geist und seinen Werkzeugen zu liefern. Sie enthüllt, dass Wissen selbst eine Art des Handelns ist, die einzige, die die Realität mit Sinn, mit Bedeutung versieht. Denn Objekte, die durch Operationen des Denkens erzeugt werden, nehmen in sich selbst als Teil ihrer eigenen Bedeutung die Relation zu anderen Dingen auf, die durch das Denken enthüllt worden sind. Es gibt keine sensorischen oder wahrgenommenen Objekte, die in

> sich selbst fixiert sind. Im Verlauf der Erfahrung, soweit sie ein Ergebnis ist, das durch Denken beeinflusst wird, nehmen Objekte, die wahrgenommen, gebraucht und genossen werden, die Resultate des Denkens in ihre eigene Bedeutung auf; sie werden bedeutungsreicher und bedeutungsvoller. Dieses Ergebnis macht die eigentliche Bedeutung der Philosophie des experimentellen Idealismus aus. Ideen lenken Operationen; die Operationen haben ein Ergebnis, in dem die Ideen nicht länger abstrakt, bloße Ideen sind, sondern wo sie sinnliche Objekte qualifizieren. Der Weg von einer wahrnehmbaren Erfahrung, die blind, obskur, fragmentarisch, bedeutungsarm ist, zu Objekten der Sinne, die gleichzeitig Objekte sind, die die Intelligenz befriedigen, belohnen und nähren, führt über Ideen, die experimentell und operativ sind.

Dieses Thema, die empirisch-denotative Methode, führt Dewey in *Erfahrung und Natur* aus.

III. Eine naturalistische Metaphysik

Erfahrung und Natur (1925)

Deweys umfangreiches Werk lässt sich gewiss nicht auf ein einziges Problem und seine Lösung reduzieren. Aber es gibt, wie aus der bisherigen Darstellung hervorgeht, ein Thema, auf das er immer wieder zu sprechen kommt: die Revolte gegen den Dualismus in seinen verschiedenen Formen. Dewey sieht, dass unsere Sprache, unser ganzes Denken durchtränkt ist mit Begriffen, die aus der griechischen, jüdischen, christlichen Tradition stammen, und ist überzeugt, dass wir deshalb systematische Vorstellungen mit uns herumschleppen, die uns daran hindern, uns der Tatsache bewusst zu werden, dass diese Vorstellungen in vollständigem Widerspruch zu der Welt stehen, in der wir jetzt leben; seiner Ansicht nach beruhen alle (oder doch die meisten) Probleme der Philosophie auf diesem Zwiespalt, dem Konflikt zwischen der Ansicht von der Realität der alten Metaphysik und derjenigen unserer Zeit, der Zeit der Naturwissenschaft, der neuen Biologie, des weltumspannenden Handels, der Demokratie. Daher stammt die Tendenz Deweys, zum einen überall in ausführlichen Interpretationen den antiken Wurzeln unserer Vorstellungen nachzugehen, und zum anderen zu zeigen, wie dieser Rahmen in ständigem Konflikt mit den Auffassungen der modernen Metaphysik steht.

Deshalb nehmen Deweys Ausführungen immer wieder die Form an, dass er zunächst fragt: Wie ist die Auffassung von der Wirklichkeit im antiken, jüdischen, christlichen Denken? Welche Auffassung vom Denken und Erkennen, von der Erfahrung haben die Alten gehabt? Wie haben sie Wahrheit begriffen? Welches war ihre Vorstellung vom menschlichen Geist? Und dann dagegenstellt: Was hat sich mit Beginn der Moderne verändert? Wie hat sich die Vorstellung von der Erfahrung entwickelt? Vom Erkennen und der Realität? Die Vorstellung vom menschlichen Geist?

In ihrem Kern ist Deweys Philosophie die Ausarbeitung einer modernen Metaphysik in allen ihren Aspekten; die Frage nach der Realität ist aber nicht zu beantworten ohne eine Theorie des menschlichen Geistes. Infolgedessen ist Deweys Philosophie ebenso eine Philosophie des Geistes wie der Natur.

Was ist naturalistischer Empirismus?

Gelegentlich formuliert Dewey das ihn beschäftigende Problem so: Wie können die traditionellen Wertvorstellungen oder Wertvorstellungen überhaupt mit den Schlussfolgerungen der modernen Wissenschaft vereinigt werden? Max Weber sprach von der »Entzauberung der Welt«, um die Auswirkung der modernen Wissenschaft auf die traditionellen Wertvorstellungen zu beschreiben. Deweys Problem lässt sich genau mit diesem Begriff bezeichnen; wie können wir in einer entzauberten Welt unserer Wertvorstellungen sicher bleiben? Dies ist ein Thema, das ihn mit Nietzsche verbindet (über den er sich freilich nur recht ironisch äußert). Dewey nennt seine Philosophie, die eine Antwort auf dieses Problem bieten soll, »empirischen Naturalismus« oder auch »naturalistischen Humanismus«.

Diese Bezeichnung ist zunächst geeignet, Verwirrung zu stiften. Für traditionelle Vorstellungen besteht ein tiefer Konflikt zwischen Erfahrung und Natur. Erfahrung gilt als etwas Subjektives, Natur als etwas Objektives, und beide scheinen durch eine tiefe Kluft getrennt zu sein. Dagegen kennt die moderne Naturwissenschaft keinerlei Konflikt zwischen Erfahrung und Natur. Die Naturwissenschaft beginnt mit der Erfahrung der Natur, dem beobachteten Material, und endet bei der Erfahrung, bei Beobachtungen. Dazwischen aber tritt die lange Kette der theoretischen Schlussfolgerungen, die Theorie. Diese Tatsache ist für eine philosophische Theorie der Natur von äußerster Wichtigkeit.

Betrachten wir die Methode der Naturwissenschaft etwas genauer. Der Naturwissenschaftler geht von beobachteten Koexistenzen, von Gegenständen und Ereignissen aus, die er jetzt sehen, fühlen, betasten, verändern kann, und übersetzt sie in erschlossene Sequenzen, in Abfolgen, die längst vergangen sind und sich der direkten Beobachtung entziehen (Erdentstehung, Entwicklung der Arten usf.); dann aber versucht er, die Bedingungen zu erzeugen, unter denen er die erschlossenen Tatsachen nachweisen, im Experiment wiederholen kann.

Daraus ergibt sich ein wichtiges Resultat: Erfahrung ist etwas *in* der Natur, ein wirkliches Ereignis, und Erfahrung ist Erfahrung *von* der Natur. Dewey sagt ganz pointiert: Dinge, die auf bestimmte Weise miteinander agieren, *sind* Erfahrung. Dies ist die »Doppelläufigkeit« des Erfahrungsbegriffs, die Dewey so häufig beschwört. Dinge in ihren Interaktionen miteinander sind das, *was* erfahren wird; aber die Dinge, mit dem menschlichen Organismus in Verbindung gebracht, also auch einem wirklichen Ding, sind auch die Weise, wie Erfahrung gemacht wird. Erfahrung ist also selbst ein Naturereignis, wenn man sie unter dieser Perspektive betrachtet, dass sie eine bestimmte Weise ist, wie der menschliche Organismus auf die Dinge einwirkt bzw. die Dinge auf den menschlichen Organismus einwirken.

Wenn Erfahrung selbst ein Teil der Natur ist, dann sind auch ihre Eigenschaften, etwa ästhetische und moralische Eigenschaften, ein wirkliches Ereignis in der Natur. Die empirische Methode, weit davon entfernt, den Gegenständen ihre »idealen« Eigenschaften zu rauben, gibt sie ihnen vielmehr zurück, weil Erfahrung selbst ein Teil der Natur ist.

Erfahrung als Methode ist ein neuzeitlicher Begriff, der erst mit den Arbeiten von Galilei und Newton seinen wahren Platz fand. In der Philosophie freilich hat Erfahrung als Methode noch keinerlei Sieg errungen. Wenn Dewey also seine Philosophie »empirischen Naturalismus« nennt, dann muss es ihm zunächst darum gehen, die Bedeutung dieser Methode für die Philosophie klarzumachen.

Den Ausgangspunkt bildet die Unterscheidung zwischen den groben, makroskopischen, rohen Stoffen der Primärerfahrung und den geläuterten, abgeleiteten Stoffen der Reflexion. Dieser Unterschied zwischen der Primär- und der Sekundärerfahrung, der Reflexion, entspricht keineswegs dem Unterschied zwischen unmittelbaren Objekten und den durch die Wissenschaft vermittelten. Es gibt keine unmittelbare Erfahrung, wohl jedoch einerseits Erfahrung, die auf einem Minimum an beiläufiger Reflexion beruht, und andererseits Erfahrung, die das Ergebnis systematischer Forschung ist. Die Objekte der Reflexion sind die durch Reflexion geläuterten Objekte der Primärerfahrung, die dem Inhalt der Primärerfahrung einen zusätzlichen Sinn verleihen, und zwar eben aufgrund der Methode, durch die sie erreicht wurden. Die Eigenschaften der primären Objekte werden so in ein Kontinuum mit dem Rest der Natur gebracht und nehmen den Sinn der Dinge an, mit denen sie in Verbindung gebracht werden. Die Phänomene selbst erhalten einen Sinn, der weiter reicht als vorher.

Das nennt Dewey die »denotative Methode«: Die Dinge erhalten einen tieferen Sinn, indem sie den Weg, den die Theorie zurückgelegt hat, in sich aufnehmen. (»Denotation« ist der Gegenbegriff zu »Konnotation«;[51] es wird damit die Extension, also die Anwendung eines Begriffs bezeichnet, im Gegensatz zu seiner Bedeutung.) Dinge gelten damit nicht mehr als selbständige, an sich seiende Objekte, sondern sie werden zu Zeichen, zu Anzeichen anderer Dinge, zu interpretierten Objekten. Obwohl Dewey die Bezeichnung »denotative Methode« nur in *Erfahrung und Natur* verwendet, ist diese Methode für seine Philosophie so charakteristisch, dass man wahrscheinlich schon anhand ihrer ein vollständiges Bild von seiner Philosophie geben könnte. *Erfahrung und Natur* ist nichts anderes als die Anwendung dieser Methode auf traditionelle philosophische Probleme. Man kann sich diesen Gang der Bedeutungsanreicherung so veranschaulichen:

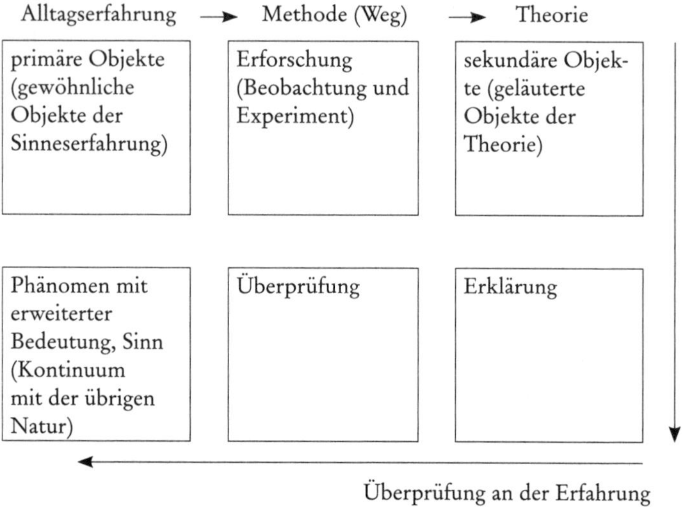

Das letzte, gleichsam »tertiäre« Objekt, das mit Sinn angereicherte, bedeutungsvollere Objekt hat seine Bedeutungsfülle, weil in der Erfahrung seines Inhalts der bei seiner Erforschung zurückgelegte Weg einbegriffen ist. Dabei ist zu beachten, dass hier die Erfahrung des primären und des »tertiären«, des sinnangereicherten Objekts, immer die Erfahrung von etwas ist: Erfahrung ist ein »doppelläufiges« Wort, das die integrale Einheit von Subjekt und Objekt bezeichnet.

Die denotativ-empirische Methode in der Philosophie

Nun ist auch Philosophie eine Form der Reflexion. Kann sie von dieser denotativen Methode lernen? Der Vorwurf, den Dewey gegen die nicht-empirische Methode des Philosophierens richtet, ist ja nicht, dass sie vom Theoretisieren abhängt, sondern dass sie es versäumt, geläuterte, sekundäre Produkte als einen Weg zu benutzen, der auf irgendetwas in der Primärerfahrung verweist und dahin zurückführt; sie überprüft ihre Ergebnisse anders als die Naturwissenschaft nicht wieder an der Primärerfahrung.

Dewey hält der nicht-empirischen Philosophie vor allem drei Trugschlüsse vor:

(1) *Die Trennung von Subjekt und Objekt.* Man kann parallel zu der Methode der Naturwissenschaft und ihrem Verfahren bei den nicht-empirischen Methoden der Philosophie drei Mängel feststellen:
  (a) Sie kennen keine Verifikation ihrer Ergebnisse.
  (b) Die Dinge der gewöhnlichen Erfahrung erhalten keine Erweiterung und Bereicherung der Bedeutung.
  (c) Der philosophische Stoff wird nicht in einem Experiment auf seine Bedeutung hin überprüft – er wird abstrakt.

Das führt zu jenem eigentümlichen Ergebnis, dass die Philosophie ihre Objekte, die doch Objekte der Reflexion sind, als im höchsten Sinne »real« bezeichnet, wodurch die Dinge der Primärerfahrung unverständlich werden. Ein Beispiel dafür bietet etwa der Platonismus, der die Ideen als »auf seiende Weise seiend« bezeichnet: Die Ideen werden zu *wahreren* Objekten als die wahrnehmbaren Gegenstände der wirklichen Welt. Die geläuterten Objekte der Naturwissenschaft »denotieren« einen Weg, den Objekten der Primärerfahrung einen erweiterten Sinn zu geben, sie machen sie zu Zeichen und damit bedeutungsvoller. Die nicht-empirischen Methoden der Philosophie dagegen machen das Material der Primärerfahrung nicht bedeutungsvoller, sondern unverständlicher – es wird »phänomenal«. Es ist also eine Art Test der Philosophie, danach zu fragen, ob sie die alltäglichen Dinge bedeutungsvoller macht, sie bereichert, oder ob sie dazu führt, die Primärerfahrung zu verdammen. Werden die Alltagsangelegenheiten aufgeklärt oder als unwirklich einfach ignoriert?

Der Unterschied zwischen der nicht-empirischen und der empirischen Methode in der Philosophie lässt sich am einfachsten dadurch charakterisieren, dass die empirische Methode an der Einheit von Subjekt und Objekt in der Erfahrung festhält und ihre Trennung nur als ein analytisches Mittel ansieht, während die nicht-empirischen Methoden mit einem Gegenstand der Reflexion, also einem Produkt der Analysis beginnen und sich gleichsam an den Weg, der in diesem Objekt verkörpert ist, nicht mehr erinnern: Sie halten das Produkt der Analyse für ein selbständiges Objekt. »Erfahrung« ist ein »doppelläufiges Wort«, in dem Subjekt und Objekt ungetrennt erhalten sind. Darin gleicht es »Leben« und »Geschichte«. Hier, bei dieser Einheit, setzt die empirische Theorie an, während andere Philosophien mit dem schon auseinandergerissenen Stoff, den Resultaten der Reflexion beginnen, so dass Stoff und Operationen getrennt sind.

Mangels einer empirischen Methode haben sich *Subjektivismus* und *Individualismus*, die beide für sich große Errungenschaften waren, für die Philosophie als bösartig erwiesen, beide trugen zur Festigung des Dualismus von Subjekt und Objekt bei. Man kann also den Gang der empirischen Erfahrung so beschreiben:

Primärerfahrung → reflexive Analyse → Rückkehr zur Primärerfahrung, die nur ein erweitertes Objekt darstellt.

Auf die Philosophie übertragen heißt das: von wirklichen Problemen ausgehen, die Schlussfolgerungen der philosophischen Forschung an ihnen überprüfen und schließlich den empirischen Wert der Ergebnisse anerkennen, indem man sie in die weitere Erfahrung einbindet.

(2) *Die Übertreibung des Intellektualismus.* Der zweite Fehlschluss, der sich durch die Verwendung nicht-empirischer Methoden in der Philosophie einstellt, ist die Übertreibung des Intellektualismus. Die traditionelle Philosophie hält die Resultate der Reflexion oft für die einzig realen Objekte: Die Gegenstände der Erkenntnis gelten als die eigentlich wirklichen Gegenstände. Gefühle ebenso wie die Sinnlichkeit werden zu verworrenem Denken erklärt. Ästhetische und moralische Erfahrungen enthüllen dann nicht wirkliche Eigenschaften der Dinge, sondern gelten als nur subjektiv. Dichtung hat keine metaphysische, keine wirklichkeitsenthüllende und wirklichkeitskonstitutive Bedeutung.

»Intellektualismus« ist die Behauptung, dass alles Erfahren kognitiv, d.h. auf Erkenntnis gerichtet sei; aber Dinge sind in viel höherem Maße Dinge, die benutzt, genossen und ertragen werden, als Dinge, die erkannt werden. Man hat Dinge viel eher, als dass man sie *erkennt.*

Durch diese intellektualistische Einstellung verliert die Natur ihre Qualitäten, weil ihr nur Eigenschaften zugesprochen werden, die als erkannt gelten. Es ist gewiss der Frage wert, warum aus geliebten und gehassten Objekten erkannte Gegenstände werden, aber es gibt keinen Grund vorauszusetzen, dass die primären Qualitäten unwirklich sind.

Kognitive Erfahrung ist immer in nicht-kognitive eingebettet, und diese Situation kann niemals transzendiert werden – obwohl natürlich jedes einzelne Element einer Erfahrung selbst zum Gegenstand einer kognitiven Erfahrung gemacht werden kann. So hängen das Problem der Subjekt-Objekt-Trennung und der Allinklusivität der kognitiven Erfahrung zusammen. Wenn die Wirklichkeit aus Objekten der Erkenntnis besteht, werden alle Gegenstände der Affekte privat; dadurch bildet sich eine feste Wand zwischen Subjekt und Objekt. Das Selbst wird zum Fremdling in der Welt. Der Weg, diese Erfahrung zu vermeiden, besteht darin anzuerkennen, dass alle Arten der Erfahrung Methoden sind, in denen sich einige Eigenschaften der Natur manifestieren.

(3) *Der Fehlschluss der selektiven Betonung*. Selektive Betonung führt Parteilichkeit in die Philosophie ein. Statt die Trennung von Subjekt und Objekt als nur analytisch aufzufassen, wird sie zu einem realen Unterschied gemacht. Statt des totalen Objekts der Erfahrung wird nur eine Phase daraus festgehalten, diejenige, die dem jeweiligen Philosophen als die wichtigste gilt. So führt die Suche nach Sicherheit dazu, das Objekt als wirklich auszuwählen, das Sicherheit verspricht – aber jede Philosophenschule wählt ein anderes. Auf diese Weise werden abgeleitete Funktionen als ursprüngliche Eigenschaften behandelt. So erhalten gewisse einfache, ewige Objekte den Rang des Wirklichen. Auf diese Weise verwandeln die Philosophen die Gegenstände einer Wahl, die unter bestimmten, moralischen Gesichtspunkten getroffen wird, in vorgängige Eigenschaften des Seins und vergessen dann, dass dieses ihre eigene Wahl ist.

Die empirische Methode dagegen zeigt diese Wahl deutlich; sie schützt vor dem philosophischen Trugschluss *par excellence*, der selektiven Emphase. Sie zeigt den Weg für andere. Das Selbstevidente wird zu einem bestimmten Zweck ausgewählt, und die empirische Methode will das nicht verschleiern. So wird jedes philosophische System zu einem Experiment.

Um zusammenzufassen: Die Analogie von Naturwissenschaft und Philosophie sollte die Bedeutung und Funktion der empirischen Methode in der Philosophie aufzeigen: Solange die Einheit der Erfahrung nicht nur den Ausgangs-, sondern auch den Endpunkt der Philosophie bildet, kommt es immer wieder zu den drei Fehlschlüssen, die für die traditionelle Philosophie bezeichnend sind: die Trennung von Subjekt und Objekt, die Übertreibung der kognitiven Eigenschaften auf Kosten der emotionalen Qualitäten und die Isolierung von Ergebnissen verschiedener Typen selektiver Vereinfachung. Die Philosophie muss die empirischen Bedürfnisse zur Kenntnis nehmen, aus denen die Philosophie entsteht, und die geläuterten Produkte philosophischer Reflexion müssen an die Erfahrung zurückgebunden werden, um Leitung in den Nöten und Verwirrungen des Alltagslebens geben zu können, aus denen heraus die philosophischen Fragen erwachsen sind.

Der Geist in der Natur

Die Folgen der empirisch-denotativen Methode für die Philosophie, ihre Geschichte und ihre Aufgabe lassen sich mit einem Satz umreißen: Der Geist wird zu einem Ereignis in der Welt statt zu einem außenstehenden Beobachter. Betrachtet man die Geschichte der Philosophie vom Standpunkt der naturalistischen Metaphysik aus, so stößt man auf einen merkwürdigen Sachverhalt: Einerseits zeigt die allgemeine Erfahrung die Anerkennung der Tatsache, dass Notwendigkeit und Kontingenz, Sicherheit und Unsicherheit, Stabilität und Gefahr Eigenschaften der Natur sind. Auf der anderen Seite findet man die eigentümliche Reaktion der Philosophie darauf, die Dewey den philosophischen Trugschluss *par excellence* nennt: nämlich die Leugnung von Unsicherheit und Gefahr für das, was die Philosophen als wahre Realität erklären, und die Verlagerung von allem, was Gefahr bedeutet, in eine Welt des Scheins. Eigentlich sollte man annehmen, dass gut das ist, was man wählt; d.h., dass das Prädikat »gut« die Gegenstände bewusster Wahl charakterisiert. Aber die Gefährdung und Unsicherheit der Wahl lässt die Philosophen vor diesem Risiko zurückschrecken und den Versuch unternehmen, das Gute in die Natur der Dinge zu verlagern. So wird aus dem, was eigentlich das Objekt eines Tuns sein müsste, eine schon vorgängige Realität: Das Gute wird zu einem An-sich.

Es gibt eine verblüffende Übereinstimmung dieser Überlegungen Deweys mit einem Abschnitt aus Nietzsches *Götzendämmerung*,[52] einem Text, den Dewey nicht gekannt haben kann, nämlich *Wie die Wahre Welt endlich zur Fabel wurde*:

»Geschichte eines Irrtums:

1. Die wahre Welt, erreichbar für den Weisen, den Frommen, den Tugendhaften, – er lebt in ihr, *er ist sie.*
   (Älteste Form der Idee, relativ klug, simpel, überzeugend. Umschreibung des Satzes ›Ich, Plato, *bin* die Wahrheit‹.
2. Die wahre Welt, unerreichbar für jetzt, aber versprochen für den Weisen, den Frommen, den Tugendhaften (›für den Sünder, der Buße tut‹).
   (Fortschritt der Idee: sie wird feiner, verfänglicher, unfasslicher – *sie wird Weib*, sie wird christlich [...])
3. Die wahre Welt, unerreichbar, unbeweisbar, unversprechbar, aber schon als gedacht ein Trost, eine Verpflichtung, ein Imperativ.
   (Die alte Sonne im Grunde, aber durch Nebel und Skepsis hindurch, die Idee sublim geworden, bleich nordisch, königsbergisch.)
4. Die wahre Welt – unerreichbar? Jedenfalls unerreicht. Und als unerreicht auch unbekannt. Folglich auch nicht tröstend, erlösend, verpflichtend: wozu könnte uns etwas Unbekanntes verpflichten ? [...]

(Grauer Morgen. Erstes Gähnen der Vernunft. Hahnenschrei des Positivismus.)

5. Die ›wahre Welt‹ – eine Idee, die zu nichts mehr nütz ist, nicht einmal mehr verpflichtend – eine unnütz, eine überflüssig gewordene Idee, folglich eine widerlegte Idee: schaffen wir sie ab!
   (Heller Tag; Frühstück; Rückkehr des *bon sens* und der Heiterkeit; Schamröte Platos; Teufelslärm aller freien Geister.)
6. Die wahre Welt haben wir abgeschafft: welche Welt blieb übrig? die *scheinbare vielleicht?* [...] *Aber nein! mit der wahren Welt haben wir auch die scheinbare abgeschafft!*
   (Mittag; Augenblick des kürzesten Schattens; Ende des längsten Irrtums; Höhepunkt der Menschheit; INCIPIT ZARATHUSTRA.)«

Die empirisch-denotative Methode beruht auf der Einsicht, dass reflexives Denken Konfusion in Klarheit umwandelt. Denken ist ein Instrument, das Materialien benutzt, wie auch andere Techniken Werkzeuge benutzen. Denken und Vernunft sind Verfahren, um eine problematische, uneinheitliche, ungeklärte Situation zu bereinigen. Der rationale Idealismus verdreht nun eine abschließende natürliche Funktion, nämlich unsere Tätigkeit der Problemlösung, in eine kausal vorhergehende Realität. Vereinheitlichung ist eine bestimmte Tendenz eines zeitlichen Prozesses und hat da ihre Funktion; von den verschiedenen Idealismen aber wird sie auf die Objekte selbst übertragen.

Reflexion ist ein natürliches Ereignis. Eine naturalistische Metaphysik muss die Reflexion wie einen natürlichen Gegenstand behandeln und aus ihr Schlussfolgerungen ziehen wie aus anderen Geschehnissen. Eigenschaften des Denkens sind Unsicherheit, Mehrdeutigkeit, Alternativen, Forschen, Suche, Auswahl, und sie sind objektiv, nicht psychologisch. Die Interessen der naturalistischen Metaphysik und die denotative Methode fallen zusammen. Die Welt muss so sein, dass sie Zweifel erzeugt. Die denotative Methode ist der Weg des Zweifels. Die wissenschaftlichen Objekte sind das Ergebnis unserer Beherrschung der natürlichen Welt, aber sie beruhen auf derselben Natur, auf die die Barbaren mit Furcht antworten.

Für die empirisch-denotative Methode ist dieser Charakter der Ereignisse ein Zeichen, dass der Geist des Menschen bei der Bewältigung der Kontingenz selbst ein Ereignis ist. Der Geist ist ebenso ein Ereignis natürlicher Prozesse wie die Materie. Deshalb kann Dewey sagen: Materie und Geist sind Eigenschaften von Prozessen, keine Dinge oder – im traditionellen Sinne – »Substanzen«. Das, was die Naturwissenschaft Materie nennt, ist eine Eigenschaft natürlicher Prozesse; ganz dasselbe gilt auch vom Geist. Materie ist die sequentielle Ordnung natürlicher Ereignisse, Geist ist die Ordnung ihrer Bedeutungen in ihren logischen Verknüpfungen und Abhängigkeiten. Geist und Materie sind funktionale Eigenschaften der Natur.

Ziele und Genuss

Mit der Überwindung des Gegensatzes zwischen der wahren Welt und der Welt des Scheins, der Phänomene, wird ein weiteres Problem der traditionellen Philosophie gelöst: das Problem der Qualitäten. Nichts ist für eine naturalistische Metaphysik bezeichnender als die Anerkennung der Tatsache, dass Dinge unmittelbare Qualitäten besitzen wie »schön«, »gut«, »hassenswert« usf. Das beste Beispiel dafür ist die kulturelle Tatsache, dass Kunstwerke, Spiel, Dramen und Feste eine viel wichtigere Rolle im Dasein spielen als etwa Arbeit und Logik. Imagination und Genuss sind ebenso feste und wichtige Gegebenheiten wie die Festigkeit der wirklichen Dinge, die Gegenstand der Arbeit sind.

Die Philosophie der Neuzeit jedoch hielt Qualitäten für etwas Subjektives, etwas, das nur im menschlichen Bewusstsein seinen

Ort hat; und da Qualitäten als das Wandelbare nicht als Gegenstand der Erkenntnis angesehen wurden, wurden sie in das subjektive Bewusstsein verbannt, das dadurch in einen Gegensatz zur Natur geriet. Dewey ist überzeugt, dass daraus alle Probleme der modernen Erkenntnistheorie entstanden sind, und geht in einer langen geschichtlichen Untersuchung auf die Entstehung dieses Gegensatzes ein.

Für die Griechen waren ästhetische Eigenschaften der Natur so selbstverständlich, dass sie ihr Weltmodell nach ästhetischen Mustern schufen. Aber da sie sich aufgrund ihrer Verachtung der Handwerker nicht eingestanden, dass dieses Modell einen ästhetischen Charakter hatte, verwandelten sie es in einen intellektuellen Gegenstand. Dabei half ihnen der Begriff der *Form*, der für die Kunst das Ergebnis eines Prozesses ist, in dem die Veränderung zum Stillstand gekommen ist, während die Philosophie darin den eigentlich unwandelbaren Gegenstand der Erkenntnis sah. Der Geist war Zuschauer, die Formen die Ziele der Natur; und der Geist als kontemplativer Genuss, der das wahre Wissen darstellte, wurde zum Ziel der Natur.

Diese teleologische Interpretation der Natur fand im 17. Jahrhundert, als die Ziele aus der Natur verbannt wurden, ihr Ende. Jetzt wurden die Qualitäten zu etwas Subjektivem. Erst wenn die Natur nicht mehr länger dem Geist gegenübergestellt wird, kann man das Wahre in der griechischen Anschauung erneut schätzen lernen. Natürliche Ziele sind etwas Wirkliches – in der ästhetischen Arbeit. Das Bewusstsein ist wirkliches Bewusstsein von Qualitäten, wenn diese auch unsicher und unstabil sind. Es gilt also, einen Begriff vom Bewusstsein wiederzuerwecken, der nicht im theoretischen Denken das höchste Ziel sieht – das ist nur die Widerspiegelung der Klassentrennung –, sondern den ästhetischen Genuss als ein ebenso berechtigtes Element der Wirklichkeit anerkennt.

Ebenso wie der Begriff des Ziels erfährt auch der Begriff des Mittels durch die empirisch-denotative Methode eine Klärung. Genauso nämlich, wie die Geschichte des Zielbegriffs aufgeklärt werden kann, indem man den Geist als Teil der Natur und nicht als ihr Gegenüber begreift und dadurch klärt, wie es zu der Verzerrung des Ziels kommen konnte, geschieht dies für das Mittel, wenn man seine Aufmerksamkeit auf die Arbeit richtet.

Arbeit erzeugt verschiedene Arten von Gegenständen, in der Kunst Gegenstände, die Ziele sind, in der Technik Gegenstände, die Mittel sind. Daraus ergab sich aber in vordemokratischen Zeiten der primäre metaphysische Dualismus von Gegenständen, die auf die Seite des Herren, und Gegenständen, die auf die Seite des Knechtes gehören: Dies ist der Gegensatz zwischen Sein – dem unwandelbaren Ziel – und Nicht-Sein – dem wandelbaren Mittel – als der ursprüngliche Dualismus, aus dem alle anderen folgten – wie der Gegensatz von Vernunft und sinnlicher Begierde, von Allgemeinheit und Einzelheit, von zielgerichtet und mechanisch, von Wissenschaft und Erfahrung, von Geist und Materie. Solange Erkenntnis mit ästhetischer Kontemplation identifiziert wurde, galt das Experiment als sklavisch, und deshalb konnte eine Wissenschaft im modernen Sinne nicht entstehen. Gleichwohl stammte die Idee der Technik aus der Kunst, denn nur hier kam es zur Erfüllung von Möglichkeit, nur hier gab es Ziele.

Die Wissenschaft entstand aus der Technik, als Dinge als *Zeichen aufgefasst* wurden, nicht mehr als unmittelbare Qualitäten. Die Natur wurde dadurch auf den Status von Mitteln reduziert, sie enthielt nicht länger Ziele oder Zwecke in sich wie in der aristotelischen Naturauffassung. Solange freilich gleichzeitig der Begriff von Erkenntnis als Kontemplation beibehalten wurde, galten die Gegenstände des wahren Wissens als qualitätslos. Die Folge war, dass alle Qualitäten aus der Natur verschwanden und zu psychischen Ereignissen wurden. Dabei ist vorausgesetzt, dass Wissenschaft das Ergreifen der Realität in ihrer finalen, selbstgenügsamen Form sei – in Gestalt ästhetischer Formen, in denen eine Bewegung zum Stillstand gekommen ist.

Erst wenn diese Prämisse aufgehoben wird, wenn das wirkliche Objekt der Erkenntnis den Charakter hat, der dem Stoff der *nützlichen* Künste angemessen ist, erhalten die Qualitäten wieder ihren Status in der Natur zurück. Die Objekte der Wissenschaft sind ein System von Beziehungen, die als Mittel und Werkzeug dienen, um ein unmittelbares Sein und Haben zu bewirken. Sobald die Verbindung von Zielen mit einer sequentiellen Ordnung bestimmt ist, lassen sich Mittel finden und anwenden, um gewünschte Güter zu erzeugen. Die Naturwissenschaft errichtet kein anderes Reich der Natur, sie enthüllt die Ordnung, von der das Auftreten finaler Qualitäten abhängt.

Damit verschwindet auch das Problem von Realität und Erscheinung. Für die antike Philosophie stellte sich das Problem in Gestalt einer Hierarchie des Seins; aber eine solche Rangfolge hat in der modernen Wissenschaft, die nur ein homogenes Material kennt, keine Bedeutung mehr. Hier geht es vielmehr um die Frage, ob Dinge mit der Wissenschaft übereinstimmen oder nicht. Gegenstand der Erkenntnis ist die Natur als Mittel, als Instrument oder Werkzeug; die neuzeitliche Physik sieht die unmittelbare Welt als Frage an, die sie in eine Schlussfolgerung zu verwandeln versucht, nicht mehr als final.

Der Ursprung aller erkenntnistheoretischen Probleme der Neuzeit ist also immer derselbe: Sie beruhen auf der klassischen Vorstellung, dass die Realität als solche keine temporale Qualität habe, also wandellos sei; eine Einstellung, die aus der Ästhetik übernommen wurde. Sie stellt nur das Ausweichen vor der Tatsache dar, dass auch ein Künstler ein Handwerker ist und seine Objekte durch Arbeit entstehen. Instrumentalismus ist nichts anderes als die Schlussfolgerung aus der Tatsache, dass die Objekte der Wissenschaft instrumentellen Charakter haben, d.h. Mittel und keine unmittelbaren Endzwecke sind.

Damit ändert sich übrigens auch die neuzeitliche Logik, die zu einer Logik der Entdeckung wird und nicht mehr eine Logik des Beweises ist wie die traditionelle aristotelische. Denn die Objekte der klassischen Logik, die Formen, waren fixiert und unwandelbar; sie konnte man nur klassifizieren. Die Objekte der neuzeitlichen Logik dagegen sind Dinge, die im Werden begriffen sind, Dinge, die erst noch herzustellen sind. Das Experiment ist die Losung der Neuzeit, es gibt keine unmittelbaren Gewissheiten mehr.

Daraus zieht Dewey die für ihn und seine Metaphysik so wichtige Schlussfolgerung, dass die Existenz des Geistes eine instrumentelle Methode ist, um natürliche Veränderungen zu lenken. Gegenstand der Erkenntnis ist nicht das Gegebene, das unmittelbare Datum, sondern das Gefundene, das Produkt eines methodisch geregelten Untersuchungsverfahrens. Zwar haben die idealistischen Erkenntnistheorien die Rolle der konstruktiven Intelligenz richtig gesehen, aber sie haben sie falsch verstanden. Die alte Identifikation von Wissen und Realität verführte die Idealisten dazu zu glauben, Wahrheit und Sein sei dasselbe; und so fassten sie die Arbeit des Geistes als Konstruktion statt als Rekonstruktion auf. Sie interpretierten den Übergang vom ungewissen Objekt zum Objekt des Wissens als Übergang vom phänomenalen Sein zur Realität. Der Idealismus lässt unberücksichtigt, dass Denken und Wissen Geschichten sind, Geschichten des Übergangs, der Schlussfolgerung, der Vermittlung.

Denken ist gleichsam eine adverbiale Bestimmung des Handelns: Es bezeichnet *die Art und Weise, wie gehandelt wird;* es ist eine Disposition der Aktivität, die Konsequenzen bestehender Ereignisse vorherzusehen. Denken ist in offenem Handeln verkörpert, und insoweit gilt die Analogie des kompetenten Künstlers. Denn als offenes Handeln verändert das Denken die Objekte in der Tat.

Diese Theorie über das Denken ist in Wirklichkeit eine Theorie über die Natur. Es werden der Natur drei Eigenschaften zugeschrieben: (1) Einige natürliche Ereignisse kommen, wenn sie unkontrolliert sind, nur zufällig vor. (2) Ereignisse sind unvollständig. Hier greift das Handeln ein, und dadurch können Abschlüsse zu Erfüllungen werden. Experimente sind Konstituentien dieses Aspekts der Natur. (3) Die Regulierung von Ereignissen zugunsten erwünschter Konsequenzen setzt Ordnungen der Sequenz voraus, die als Mittel benutzt werden können. Diese Ordnungen sind Teile von Prozessen und nicht das letztlich »Reale«, wie Idealismus und Materialismus gleichermaßen annehmen. Ignoranz, Zweifel, Irrtum sind Aspekte der Natur, nichts Subjektives. Wäre die Natur abgeschlossen, gäbe es für den Geist keinen Platz in ihr.

Deshalb kann Dewey sagen, dass die Existenz des Geistes eine instrumentelle Methode sei, natürliche Veränderungen zu lenken. Die Natur ist individuell und pluralisch, voller Wiederholungen: Genau deshalb kann sie als Instrument verwendet werden. Das Denken hat seinen Sinn in der Anwendung auf die Ungewissheit der Natur. Die regelmäßigen Relationen können zwar zum Gegenstand der Mathematik gemacht werden, wenn sie von einer Anwendung isoliert werden. Die letzten Objekte der Wissenschaft sind aber die gelenkten Prozesse der Veränderung.

Das gibt dem Wort »Wahrheit« seine Bedeutung: Prozesse der Veränderung, die so gelenkt werden, dass sie eine beabsichtigte Erfüllung (*consummation*) erreichen, sind der Gegenstand wahrer, d. h. zuverlässiger Erkenntnis. Erkenntnis ist die Frucht der Wissenschaft. Wenn Erkennen bedeutet, dass die Gegenstände vom Denken durchdrungen werden, dass sich der Geist in ihnen zu Hause fühlt, dann ist angewandte Wissenschaft wahrer als reine Wissenschaft.

Kommunikation und Bedeutung

Der Kern der empirisch-denotativen Methode besteht, wie wiederholt gesagt wurde, darin, Dinge nicht als unmittelbare Gegebenheiten, sondern als Zeichen, als Fragen, als durch Sinn erfüllte Endergebnisse der Anwendung methodischer Forschung aufzufassen. Die Fähigkeit, Zeichen zu verwenden, hebt den Menschen aus dem Tierreich heraus. Auf der Basis der Zeichenverwendung ist Kommunikation möglich. Kommunikation ermöglicht Denken, das Experimentieren mit Dingen im Geiste. Auf diese Weise werden unmittelbare Qualitäten der Überprüfung ausgesetzt. Unmittelbarkeiten gewinnen den Wert einer Funktion, wie etwa ein Schmerz, der als Zeichen einer Krankheit aufgefasst wird.

Die Vorstellung vom Menschen als einem Zeichen verwendenden Wesen ist ganz traditionell; sie drückte sich bei den Griechen darin aus, dass sie den Menschen durch die Tatsache, dass er »logos«, also Sprache besitzt, definierten. Aber die Griechen haben diese klare Einsicht mit der Auffassung verknüpft, die Sprache spiegele die Struktur der Dinge wider, sie hielten die Formen des Diskurses, des Gesprächs für die Formen der Dinge selbst und entwickelten auf diese Weise eine Metaphysik von Substanz und Akzidenz, die noch heute unsere Vorstellungen von Dingen und ihren Eigenschaften prägt. Sie verstanden nicht, dass die Sprache das Ergebnis sozialer Interaktionen ist. Immerhin deuteten sie die Natur nach dem Muster des Gesprächs und nicht nach dem Muster des Selbstgesprächs, das für die moderne Auffassung der Natur so charakteristisch wurde, nachdem erst einmal die innere Welt entdeckt worden war.

Dewey gibt eine naturalistische Deutung der Sprache und ihrer Entstehung. Die Interaktionen von Menschen unterscheiden sich ursprünglich nicht von natürlichen Interaktionen auf der Ebene des Pflanzen- und Tierreichs. Aber erst bei den Menschen werden Abfolge und Koexistenz solcher Interaktionen zu Teilhabe. Gesten und Rufe sind nicht primär expressiv, sie sind Arten organischen Verhaltens. Bedeutung, Sinn erhalten sie erst durch den Gebrauch, der von ihnen gemacht wird. Ihr Ursprung ist eine Art organischen Überfließens, wenn sich überschäumende Energie absichtslos Luft macht. Aber wie wurden sie zur Sprache? Schon unterhalb der Ebene des Menschen gibt es ein expressives Überfließen, signalisierendes Verhalten, das nicht direkt zum Überleben dient (wie etwa bei der Feuerfliege). Der Schrei des Babys ist ein organisches Überfließen, das ohne jede Absicht erfolgt, aber signalisierende Konsequenzen hat. Der Ausdruck existiert hier freilich nur für den Beobachter.

Signalisierende Akte sind nun zwar eine notwendige, aber keine hinreichende Bedingung von Sprache. Erst wenn diese Akte als *Anzeichen erfüllender Akte* gedeutet werden, als Mittel zu Konsequenzen, werden sie zu Zeichen. Der Mensch versetzt sich selbst auf den Standpunkt einer Situation, an der zwei Partner teilhaben – auf diese Weise werden die bislang nur signalisierenden Zeichen zu Sprache. Ein Beispiel: A zeigt auf eine Blume; B, der daraufhin die Blume pflückt, führt diese Antwortbewegung von As Standpunkt aus durch. Aber schon As Bitte an B ist aus dessen Perspektive geäußert worden. Das ist das Wesen der Mitteilung: Beide reagieren nicht egozentrisch, sondern haben buchstäblich an der Bedeutung teil. Das Innerste der Sprache ist Kommunikation, die Vorbereitung einer gemeinsamen Aktivität. Bs Handlung ist durch seine *Antizipation* der Erfüllung eines Vorgangs, an dem beide teilhaben, bedingt. So wird Sinn eine Eigenschaft des Verhaltens und eine Eigenschaft von Objekten. Der Besitz der Fähigkeit, sich auf solche gemeinsamen Akte einzulassen, ist Intelligenz. Intelligenz und *Sinn* sind die natürlichen Konsequenzen der eigentümlichen Form menschlicher Interaktion.

Sinn (*meaning*) ist auf diese Weise primär die Absicht (»meinen«) eines Handelnden, sekundär die Eigenschaft von Objekten. Nicht nur die geäußerten Laute haben Sinn, sondern auch das Objekt, hier also die Blume. Die Blume *bedeutet* im gemeinsamen Akt etwas, sie hat Sinn; sie hat zum Beispiel die Eigenschaft, tragbar zu sein.

Wörter drücken die signifikanten Konsequenzen von Dingen aus. Etwas eine Blume zu nennen heißt, etwas über die Folgen unseres Umgangs mit diesem Ding vorauszusagen – dass es duften wird, verwelken wird, Insekten anziehen wird usf. Alle Komponenten der Situation sind durch die Verbindung von Unmittelbarkeit und Instrumentalität oder Vermittlung charakterisiert, da jede Bewegung unmittelbar das ist, was sie ist, aber auch eine Antizipation der Konsequenzen. Eine solche Gleichzeitigkeit von Finalität und Wirksamkeit ist in den Dingen als physischen allein nicht möglich, d. h. in der Abstraktion von einer potentiellen Kommunikationssituation. So werden die potentiellen Konsequenzen zu integralen Eigenschaften der Dinge. Die Konsequenzen sind die eigentliche Natur des Dinges. Sie zu begreifen heißt, die Definition des Dinges zu begreifen. Wahrnehmung oder Bewusstsein sind voraussagend, vorwegnehmend.

Da Tiere keine Werkzeuge haben, sind sie auf ihre körperlichen Strukturen angewiesen, um bestimmte Resultate zu erzielen; so können sie die Unmittelbarkeit eines Dinges nicht von seinen potentiellen Resultaten unterscheiden. Sie haben keine

Methode, Konsequenzen zu planen und so ein Wesen zu definieren. Sobald jedoch der Mensch über Sprache verfügt, ist der Werkzeuggebrauch möglich. Feuer, das für bestimmte Zwecke gebraucht wird, ist aus einem Ereignis zu einem Objekt geworden: Ein Objekt ist eine Existenz, die Bedeutung, die Sinn hat.

Kommunikation ist ebenso instrumentell wie final. Sie ist ein Mittel, das gemeinsame Erfahrung ermöglicht, und sie ist ein Ziel, denn gemeinsame Erfahrung ist das größte unter allen menschlichen Gütern. Auf diese Weise können tierische Funktionen, sobald sie zu Bedeutungen geworden sind, eine unendliche Erweiterung erfahren, wie zärtliche Gesten oder Gefühle. Erst Kommunikation macht das Leben reich an Bedeutungen und Zielen. Auf ihr beruhen Intelligenz und Gemeinschaft.

Subjektivität

Für die empirisch-denotative Methode ist der menschliche Geist ein Forschungsgegenstand wie andere natürliche Gegenstände auch, kein unmittelbar Gegebenes, sondern eine Frage, ein Zeichen, das mit anderen Ereignissen der Natur in einen kontinuierlichen Zusammenhang zu bringen ist, kein unhistorisches, absolutes, transzendentales Ich, sondern eine bestimmte Art, sich zu verhalten, die sich aus rekonstruierbaren historischen und sozialen Bedingungen entwickelt hat. Der subjektiv-organische Geist ist »eine Art natürlicher Existenz, in der Objekte eine gezielte Neuformung erhalten«, heißt es in *Erfahrung und Natur*.[53] Seine Entstehung und seine Funktion können empirisch untersucht werden, und die theoretischen Ergebnisse dieser Untersuchung müssen an die Alltagserfahrung zurückgebunden werden. So ist auch die Individualität, die für die neuzeitliche Philosophie, also seit Descartes, ganz selbstverständlich mit dem Geist identifiziert wurde, nichts unmittelbar Gegebenes, sondern eine Funktion, die aus komplexen sozialen Bedingungen entsteht.

Für die Antike war dagegen die Spezies das wahrhafte Individuum, wahrhafter als die instabilen Einzelheiten, die die Moderne Individuum nennt. Das war nur eine natürliche Interpretation, denn die Alltagserfahrung machte die Familie wichtiger als den Einzelnen – eine Individualität in unserem Sinne galt eher als Anomalie. Für die klassische Philosophie war der individuelle Geist (*mind* = ψυχή) ein organisiertes System, in dem eine ideale Form verschiedene Einzelheiten, die Seelenteile, in ein ideales Ganzes integrierte (die Energeia als Form). Erst die Anwesenheit der generischen Form in den Dingen machte diese erkennbar. Insofern war auch die Seele ein Allgemeines. Eine Gleichsetzung von Ich, individuell-organischem Geist (*mind* = ψυχή) und objektiv-allgemeinem Geist (*spirit* = νοῦς) war so undenkbar.

Für primitive Kulturen ist es – nach Levy-Bruhl, auf den sich Dewey bezieht – selbstverständlich, dass Leben und Sein der Familie und dem Stamm gehören. Der Einzelne ist nur die Verkörperung der Gruppentraditionen. Der Nomos, der Brauch, ist König, das Private ist eine Abweichung. Aber natürlich muss in Erfindung und Entdeckung immer schon Initiative und Abweichung vom Brauch vorgekommen sein. Es muss immer schon Schrittmacher gegeben haben. So richteten sich zwar Handwerker und Künstler nach festen Mustern. Muster und Methoden wurden als zur Natur der Dinge gehörig empfunden. Es gab keine Verbindung zwischen ihnen und persönlichen Wünschen. Die Verwendung von »spirit«, schöpferischem Geist, auf dem Gebiet der Kunst wurde als subversiv empfunden. So war noch die griechische Metaphysik Platons und Aristoteles' von der Unterwerfung unter die Muster der Künste und des Handwerks geprägt. Aber wie die Entwicklung der griechischen Kunst, von der Vasenmalerei bis zu Architektur und Bildhauerei, von der epischen bis zur lyrischen und dramatischen Dichtung zeigt, hat es immer schöpferische Initiativen, immer Weiterentwicklung gegeben. Die Vorstellung, dass auch Generalisierungen, Abstraktionen, Absichten usf. individuelle geistige Leistungen sind, entstand aber erst, als die Erfahrung eine solche Veränderung durchgemacht hatte, dass die Funktionen des individuellen Geistes objektive Leistungen hervorbrachten und infolgedessen von außen beobachtet werden konnten.

Als dies geschah, vollzog sich eine außergewöhnliche Revolution. Jetzt war die Individualität etwas sich Veränderndes, Bewegendes, nicht eine Form. Die Metaphysik und Logik der Unterordnung der einzelnen Teile unter das Ganze wurde abgelöst von der Anerkennung der Individualität als Wert. Die Individualität wurde frei, die Initiative zu neuen erwünschten Konsequenzen zu lenken. Jetzt war die Individualität nicht mehr Teil eines Ganzen, sondern ein Subjekt, ein Ich, ein charakteristisches Zentrum von Begierde, Denken und Sehnsucht.

Diese Entwicklung ist ganz unterschiedlich beurteilt worden, ebenso als Revolte gegen eine göttliche Ordnung wie als großartige Emanzipation. Die *empirisch-denotative Methode* stimmt weder mit der Theorie überein, dass der Individualismus eine Verirrung ist, noch mit der des extremen Subjektivismus, die das Individuum zu einer unabhängigen kreativen Quelle alles Neuen macht. Zweifellos ist der individuelle Geist die treibende Kraft hinter der umwälzenden Erneuerung der präexistierenden Ordnung. Aber in ihm mischen sich Allgemeinheit und Einzelheit auf untrennbare Weise. Wahr ist, dass gesellschaftliche Institutionen nur durch bewusste Eingriffe der Individuen verändert werden können, wenn auch nicht, wie die Theorie des Gesellschaftsvertrags annimmt, aufgrund einer einmaligen Übereinkunft.

Es fällt dem Einzelnen freilich außerordentlich schwer, sich von traditionellen allgemeinen Vorstellungen zu lösen. Der Geist, der in Individuen erscheint, ist deshalb nicht schon gleich individueller Geist. Er ist an ein System von Überzeugungen, Kenntnissen und Unkenntnissen, von Erwartungen und Wertschätzungen gebunden, die unter dem Einfluss von Brauch und Tradition eingeführt worden sind. Und so sehr sich der Einzelne, angetrieben von der Hoffnung auf eine bessere Welt, bemühen mag, seine Wünsche in die Tat umzusetzen, so ist er dabei doch immer auch auf die Zustimmung der anderen angewiesen.

Die empirisch-denotative Methode kann deshalb, bei aller Anerkennung der schöpferischen Kraft des Individuums, den teilweise übertriebenen Subjektivismus, der in der Moderne entstanden ist, nicht teilen. Ein Blick auf die Geschichte hilft dabei, die Entstehung dieser Mode des Subjektivismus zu erklären. Die Antike kannte das Problem der Beziehung von Subjekt und Objekt nicht, wenigstens nicht unter dieser Bezeichnung, sondern eher das Problem des Natürlichen (φύσει) und des Gesetzten, Positiven (νόμῳ). »Durch Satzung« war alles vom Menschen Gemachte, für das die Natur freilich auch als Richtschnur dienen konnte.

Diese Vorstellungen wurden vom mittelalterlichen Naturrecht (freilich teilweise in theologischer Interpretation) übernommen. Selbst wenn der Ursprung des gesetzten Rechts im Willen der Gesetzgeber gefunden wurde, so wurde die Autorität Letzterer nicht als auf ihre Individualität gegründet angesehen.

Diese Haltung führte in der Neuzeit zu einem eigentümlichen Problem. Als die Menschen anfingen, Ungenügen an den bestehenden Institutionen zu empfinden, fiel ihnen deren Änderung schwer, weil sie auf dem Naturrecht beruhten, das letztlich ein durch Gott geoffenbartes autoritatives Recht war. Man konnte die Institutionen schwerlich in Gegensatz zur Natur stellen, wenn diese gerade als Ausdruck des Naturrechts galten. Also wurde der individuelle Geist der Einzelnen in Gegensatz sowohl zur Natur wie zu den Institutionen gesetzt. Dieses so isolierte Ich war außerdem das Ziel der privaten Erlösung. Auf diese Weise wurden Ich und Geist identisch. Die pauschale Revolte gegen die Tradition führte zur pauschalen Isolierung des Ich.

Dieses von sozialen Bräuchen wie von der Natur getrennte Ich erwies sich aber bald als zu schwach, als dass es die Last der Wissenschaft wie die der sozialen Institutionen hätte tragen können; es entwickelte sich das transzendentale, überempirische Ich, dessen Ausdruck das endliche Ich sein sollte. Das ist zwangsläufig die Folge, wenn das Ich sich einerseits als schöpferisch erwiesen hatte, andererseits als ursprünglich, ewig und absolut, statt als historisch, vermittelnd, zeitlich relativ und instrumenteil aufgefasst wird.

Geschichtlich gesehen beginnt der Subjektivismus bei Descartes. Descartes selber knüpft an den νοῦς, des Aristoteles an, der aber jetzt aus der objektiven Welt ins Innere vertrieben worden ist. Dieser individualisierte Geist hat eine Funktion bei der Förderung von Experiment und Erfindung; aber er bildet auch ein inneres Reich, dessen Inhalte die Objekte von Gefühl und Phantasie sind und keinerlei Grundlage in der Wirklichkeit haben. Das führt zu einem Begriff der Erfahrung, der sich von dem der Griechen unterscheidet.

Für die Griechen war Erfahrung nichts Subjektives, sondern das Ergebnis einer Vielzahl von Handlungen, Leiden und Wahrnehmungen, die allmählich zur Geschicklichkeit des Zimmermanns, Schusters, Steuermanns, Landmanns, Generals und Politikers wurden. Darin lag nichts lediglich Privates oder Subjektives;

Erfahrung war eine von der Natur bewirkte Verdichtung bestimmter natürlicher Geschehnisse zum Zweck der Verwirklichung der Formen solcher Dinge, die *gewöhnlich oder gelegentlich, im Großen und Ganzen, aber nicht notwendig und immer* so und so sind. Erfahrung war nicht die Erfahrung von jemandem; sie war die Erfahrung der Natur, die in einem Körper lokalisiert war, da dieser Körper zufällig von Natur existierte.

Heute denkt man sich Erfahrung als etwas Privates; aber das steht im Widerspruch zu ihrem Charakter. Erfahrung hat dieselbe Abhängigkeit von objektiven natürlichen Ereignissen wie jedes andere natürliche Ding. Erfahrung besitzt bestimmte objektive Eigenschaften, die ohne Bezugnahme auf ein Ich beschrieben werden können. Es wäre eine richtigere Beschreibung, wenn man sagen würde: »Es denkt«, »es erfährt«, »Erfahrung geschieht, und zu den begleitenden Umständen gehört auch ein Ich«.

Wer sagt »*Ich* denke, glaube, wünsche«, übernimmt eine Verantwortung und meldet einen Anspruch an. Das bedeutet nicht, dass das Ich Quelle und Urheber seiner Gedanken und Gefühle ist. Es bedeutet, dass das Ich als eine zentrierte Organisation von Energien sich selbst mit einer unabhängigen und äußerlichen Verursachung identifiziert – in dem Sinne, dass es ihre Konsequenzen akzeptiert. Natürliche Ereignisse – einschließlich sozialer Gewohnheiten – lassen Gedanken und Gefühle entstehen. Wer sich selbst als Urheber und Verantwortlichen bezeichnet, sagt damit eigentlich, dass die Entstehung nicht das letzte Wort ist; statt Lob oder Tadel, die unsere Überzeugung, Zuneigung und Erwartung verdienen, der Natur, der eigenen Familie, der Kirche oder dem Staat zuzuschreiben, erklärt man damit, dass *in Zukunft* das eigene Ich einer der Partner sein wird. Man beansprucht künftige Güter und übernimmt die Verantwortung für zukünftige Übel.

Verursachung ist eigentlich nur die Idee der Verantwortung nach rückwärts gelesen: So wird die Ursache als der eigentlich Schuldige an einem Ereignis herausgesondert. Der griechische Begriff der Ursache entstand aus dem Begriff der Schuld. Die Griechen lasen die Geschichte der Natur in der Sprache der menschlichen Gemeinschaft. Nur hier gibt es ein wesentliches Gehören und wesentliche Trennung. Diese Auffassungen sind in der modernen Psychologie beibehalten worden, die von dem Besitz mentaler Zustände ausgeht. So scheint das Selbst einen monopolistischen Besitzanspruch auf geistige Phänomene zu haben. Die Idee der Ichheit ist, soweit sie die Privatheit, das Monopol und die Exklusivität anbelangt, die Fortsetzung dieser alten Ideen.

Die positive Seite des Subjektivismus ist freilich die erweiterte Möglichkeit der Kontrolle, sobald man das Erfahren selbst zum Gegenstand der Aufmerksamkeit macht. Die Art und Weise der Erfahrung beeinflusst die Erfahrung von den Dingen: Schließlich sind die Gegenstände des Mythos dieselben wie die der Wissenschaft; der Grund ihrer Verschiedenheit liegt in der Einstellung des Menschen als einem rationalen und als einem emotionalen Wesen.

Die Trennung von Subjekt und Objekt, die uns Europäern so natürlich erscheint, ist in Wahrheit nur ein Deutungsschema unter vielen möglichen, freilich eines, das besonders geeignet ist, das Objektive, Entgegenstehende dem Subjekt zu unterwerfen und die umgebende Welt zu modifizieren. Als Faktoren einer solchen zielgerichteten Anstrengung haben sie einen guten Sinn. Aber herausgelöst, als Subjektivismus auf der einen, als Objektivismus auf der anderen Seite, bilden sie eine ständige Gefahr für unsere Fähigkeit der Interaktion mit der Natur wie mit anderen Menschen. Der Mensch als das »gesellig-ungesellige Wesen« oszilliert ständig zwischen Einsamkeit und Hingabe an das Äußere.

Der Dualismus von Ich und Welt ist die Unfähigkeit, sich in der Welt zu Hause zu fühlen.

Körper und Geist

Die Schwierigkeiten des Dualismus von Geist und Natur zeigen sich besonders exemplarisch in der Trennung von Geist und Körper; ein Blick auf die Geschichte des Problems zeigt aber auch deutlich, wie diese Trennung mit bestimmten typischen metaphysischen Annahmen über die Realität zusammenhängt: mit der Vorstellung von der Unzeitlichkeit der Realität. Die Anwendung der empirisch-denotativen Methode auf das Körper-Geist-Problem führt zu einer naturalistischen Problemlösung. Drei Stufen in der Auffassung vom Geist sind zu unterscheiden:

(1) Für die Griechen der klassischen Zeit, die ein städtisches Leben in einer natürlichen Umwelt genossen, war alles Leben »psyche« und die Seele die Vorbedingung des Geistes. Der beseelte Körper galt als die höchste Verwirklichung der physischen Möglichkeiten der Natur und seinerseits als die Möglichkeit des Geistes.
(2) Im paulinischen Christentum ist der Geist (*spirit* = pneuma) unvergänglich, der Körper vergänglich. Der materielle Körper wird moralisch abgewertet. Die Scholastiker behalten formell die aristotelische Auffassung bei, aber inhaltlich hat sich viel verändert, da der Geist durch den Körper verführt wird. Die Antithese von Geist und Körper ist perfekt.
(3) Im Rahmen der aristotelischen Metaphysik konnte man den Körper als die Mitte zwischen der Natur und dem Geist auffassen. Aber mit dem Verfall der Metaphysik von Möglichkeit und Wirklichkeit bei gleichzeitiger Beibehaltung der moralischen Abwertung des Körpers wurde das Verhältnis

von Körper und Seele zu einem Problem. Es gab keine Möglichkeit der Vermittlung mehr zwischen ihnen. Das war der Boden, auf dem Descartes seinen Dualismus gründete.

Es gab eine Fülle von Lösungsversuchen, sie reichen vom Materialismus Hobbes' bis zum *élan vital* Bergsons. Dewey ist der Auffassung, dass alle verschiedenen Lösungsversuche daran leiden, dass sie auf bestimmten Prämissen beharren: dass natürlichen Ereignissen Qualität abgesprochen wird, besonders die temporale Qualität ignoriert wird, und dass das Dogma der überlegenen Realität von »Ursachen« beibehalten wird.

Lebewesen sind durch Bedürfnis, Anstrengung zur Bedürfnisbefriedigung und Befriedigung charakterisiert. Das sind biologische Tatsachen, die einfach bestimmte Ereignisse beschreiben. Lebende Körper haben die Tendenz, bestimmte Organisationsstrukturen aufrechtzuerhalten. Das gemeinsame Vorhandensein von Bedürfnis, Aktivität und Befriedigung in einem organischen Körper soll mit »psycho-physisch« bezeichnet werden. Hier gibt es kein Problem der Beziehung zwischen Physischem *und* Psychischem. Es gibt spezifizierbare empirische Ereignisse, die durch charakteristische Qualitäten und Wirkungen gekennzeichnet sind – durch *Organisation.* Solche Organisation ist eine empirische Eigenschaft einiger Ereignisse; sie ist wirklich und nicht weniger wirklich als die Ursachen.

Wenn die Tätigkeiten der Bestandteile einer organisierten Tätigkeitsstruktur derart sind, dass sie zur Erhaltung der strukturierten Tätigkeit beitragen, ist die Basis für Empfindungsfähigkeit gegeben. Jeder »Teil« eines Organismus ist selbst organisiert, und dasselbe gilt für die »Teile« des Teils. Deshalb besteht eine selektive Tendenz in Interaktionen mit umgebenden Dingen, sich selbst und gleichzeitig das Ganze zu erhalten, von dem er ein Teil ist. Nun sind Reaktionen nicht bloß selektiv, sondern bevorzugen auch bestimmte Resultate. Eine solche Unterscheidung ist für die Empfindungsfähigkeit geradezu konstitutiv. Und infolgedessen werden mit der Organisation die Tendenz zum Interesse und die Befriedigung zu einem Gut. Bei Lebewesen, die schon über die Fähigkeit zur Ortsbewegung verfügen, sind Sensitivität und Interesse als Gefühl realisiert, wenn auch nur als Unbehagen oder Behagen. Ein *ortsgebundener* Organismus bedarf keiner Vorahnung dessen, was erst demnächst geschehen wird. Ein Körper mit Ortsbewegung dagegen ist ganz vital mit dem Nächsten wie dem Fernsten verbunden; wenn Fortbewegungsorgane von Distanzrezeptoren begleitet werden, tritt die Reaktion auf das räumlich Entfernte zunehmend in den Vordergrund, und ihre Wirkung wird gleichbedeutend mit einer Reaktion auf das Zukünftige in der Zeit. Die Konsequenz wird in der Zeit vorweggenommen. Antizipation der Erfüllung wird zu einem Bestandteil einleitender Handlungen. Die Empfindungsfähigkeit verwirklicht sich als Gefühl. Die Aktivität ist psycho-physisch, aber nicht mental, d.h. sich der Bedeutungen nicht bewusst. Geist entwickelt sich auf der Basis der Gefühle, wenn das Lebewesen jene organisierte Interaktion mit anderen Lebewesen erreicht, die in Sprache, in Kommunikation besteht. Dann werden die Qualitäten des Fühlens zu Zeichen für äußere Dinge und für vergangene und zukünftige Episoden. Gefühle haben jetzt *Sinn*.

Gefühlsunterschiede bedeuten etwas, wenn sie als Zeichen von verrichteten und zu verrichtenden Akten und als Zeichen ihrer Konsequenzen genommen werden. Als unmittelbare Bedeutungen von Ereignissen sind sie »sensa«. *Ohne* Sprache sind die Qualitäten der Handlung, die Gefühle sind, unartikuliert, mit Sprache werden sie unterschieden und identifiziert. Sie werden objektiv und können entweder dem Organismus oder dem Objekt zum Zwecke der Kontrolle zugewiesen werden. »Hunger« und »rot« sind Beziehungen des Organismus auf Objekte in Situationen. Qualitäten müssen erst als Zeichen aufgefasst werden, dann können sie zu identifizierbaren Objekten werden.

Die Unterscheidung zwischen physisch, psycho-physisch und geistig ist also eine Unterscheidung von Ebenen anwachsender Komplexität und Intimität der Interaktion zwischen natürlichen Ereignissen. Aber diese Ebenen stellen nicht verschiedene Seinsebenen dar. Materie wie Geist bezeichnen nur Eigenschaften von Ereignissen, die auf einer bestimmten Ebene der Interaktion stattfinden, sie sind nicht selbst Ereignisse oder Existenzen. Deshalb ist die Materie auch nicht die »Ursache« des Geistes, allenfalls kann man sagen, dass der Geist bei seiner Entwicklung die Strukturen, die biologische Anpassungen von Organismus und Umwelt sind, als seine Organe nutzt.

Dewey sieht die Lösung des Körper-Seele-Problems in einer Revision der Voraussetzungen, die alle dualistischen Theorien ganz selbstverständlich machen. Die moderne Naturwissenschaft wurde in dem Augenblick fruchtbar, wo sie unmittelbare Qualitäten, den »Sinn« der Ereignisse feucht, trocken, heiß, kalt, leicht, schwer usf. zugunsten von »primären«, d.h. bezeichnenden Qualitäten ignorierte und die Letzteren, obgleich sie Qualitäten waren, nicht als *Qualitäten*, sondern als *Relationen* auffasste. Jetzt war eine ganz andere Behandlung dieser Eigenschaften möglich als vorher – nämlich eine mathematische. Eine solche Behandlung führte zu radikal neuen Beziehungen und Generalisierungen. Die Verknüpfung oder Klassifikation einer Farbe war nicht mehr einfach eine Verknüpfung mit anderen Farben, sondern mit allen Ereignissen, die rhythmische Veränderungen aufwiesen. Und infolgedessen wurden Ereignisse, die bislang getrennt waren, unter Prinzipien der umfassenden Formulierung und Voraussage zusammengebracht. Zeitliche Qualitäten wurden als räumliche Geschwindigkeiten ausgedrückt, Ereignisfolgen wurden auf berechenbare Termini reduziert.

Diese Relationen galten nun als die eigentlich wirklichen Gegenstände, denn sie waren ja die Objekte der Wissenschaft. Die unmittelbaren Qualitäten dagegen, die aus der Wissenschaft vertrieben waren, deren Existenz man jedoch nicht leugnen konnte, wurden in ein Reich psychischen Seins gedrängt. Und jetzt folgten alle die Probleme hinsichtlich der Beziehung von Geist und Materie, des Seelischen und Körperlichen, welche die neuzeitliche Philosophie solange beschäftigt haben. Aber mit der Einsetzung der Qualitäten in ihre rechtmäßige Stellung als Qualitäten der umfassenden Situation ist das Problem behoben: Sie sind nicht scheinbare, sondern wirkliche Eigenschaften des Seins.

Die Griechen hatten kein Problem mit dem Geist, weil sie den natürlichen Qualitäten Wirksamkeit zuschrieben. Wenn man sie leugnet (wie die moderne Naturwissenschaft), werden psycho-physische und geistige Funktionen, ja wird der Geist selbst zu einer anomalen Erscheinung. Der Fehler der griechischen Wissenschaft bestand nicht darin, der natürlichen Existenz Qualitäten zuzuschreiben, sondern darin, den Ort ihrer Wirksamkeit falsch aufzufassen: Sie schrieb Qualitäten außerhalb jeder Verbindung mit organischem Handeln eine Wirksamkeit zu, die sie in Wahrheit nur durch das Medium einer organisierten Aktivität des Lebens und des Geistes besitzen. Sobald Leben und Geist als Eigenschaften der hochkomplexen und extensiven Interaktion von Ereignissen erkannt werden, ist es möglich, den Qualitäten eine natürliche Stellung in der Wirklichkeit zu geben.

Bei der Erforschung unbelebter Ereignisse können Qualitäten gefahrlos ignoriert werden. In Leben und Geist dagegen spielen sie eine aktive Rolle. Im Fühlen existiert eine Qualität als Qualität, und zwar als Qualität von *natürlichen*, von *kosmischen* Ereignissen. Qualitäten haben einen Sinn für ein Lebewesen und sind erkennbar mittels der Gefühle. In höheren Organismen erreichen Qualitäten eine Differenzierung, auf deren Boden sich die Aktivitäten in vorbereitende und erfüllende unterscheiden. Solche Reihen bilden dann das Material des Denkens, sobald der Beginn nicht nur den Anfangspunkt einer Reihe darstellt, sondern den Sinn der nachfolgenden Aktivität gewinnt, indem er sich auf eine Konsequenz zubewegt. Der abschließende Terminus wiederum bewahrt die Bedeutung des gesamten vorbereitenden Prozesses in sich auf. Damit wird die Aktivität von der Unterwerfung unter das räumlich und zeitlich Nächstliegende befreit. Das Unmittelbare wird signifikant im Hinblick auf die Vergangenheit und Zukunft. Auf diese Weise wird die Basis für Erwartung und Erinnerung geschaffen. Und damit ist der Weg frei für Abstraktion, Generalisierung und Schlussfolgerung.

In der Natur gibt es interagierende Felder, die zwar nicht isoliert, aber auch nicht homogen sind. Aus ihrer Verbindung entstehen größere Felder mit neuen Qualitäten.[54] Man kann drei solcher Felder unterscheiden: (1) das mathematisch-mechanische System, (2) das Leben als psycho-physisch, (3) Vergemeinschaftung, Kommunikation, Teilhabe. Zwischen diesen Feldern besteht keine kausale Verbindung, sondern eine historische Kontinuität. So wenig wie man bei einem Kind sagen kann, dass die Jugend die Ursache des Erwachsenendaseins ist, so wenig darf man die Kontinuität dieser Felder im Sinne einer kausalen Abhängigkeit auseinanderbrechen. Gewiss kann das Spätere nicht existieren, bevor das Frühere existiert, und gewiss macht das Spätere Gebrauch von dem aufbewahrten Ergebnis des Früheren, aber die wirkliche Existenz ist die Geschichte in ihrer Gänze. Dass der Geist die Natur erkennen kann, ist nicht mysteriös. Der Geist hat sich in dieser Welt entwickelt, und er passt zu ihr. An jedem Punkt und auf jeder Stufe setzt ein lebender Organismus samt seinen Lebensprozessen eine Welt oder Natur voraus, die ihm zeitlich und räumlich äußerlich, seinen Funktionen jedoch innerlich ist.

Die traditionelle Theorie hat diese Verbindungen unterbrochen und sieht sich nun vor der Aufgabe, sie wiederherzustellen. Plötzlich erscheint es unerklärlich, wie der Mensch seine Umwelt, seine Mitmenschen verstehen kann. Aber ein Geschöpf, das in einer Vereinigung geschaffen, das von anderen abhängig ist und in seiner Struktur die Organe und Zeichen seiner innigen Verbindung mit anderen trägt, wird andere Geschöpfe erkennen, wenn es sich selber erkennt. Denken, Erkennen, Kommunizieren sind also Leistungen, die sich an biologische Funktionen anschließen und nur dann rätselhaft erscheinen, wenn die Kontinuität willkürlich unterbrochen wird.

Erfahrung und Natur ist ein außergewöhnlich reichhaltiges Buch, von dem hier nur die äußersten Umrisse angedeutet werden konnten. Viele seiner Ideen sind stillschweigend von späteren Philosophien übernommen worden – etwa in dem »logischen Behaviorismus« von Ryle und Wittgenstein – oder haben auf andere Weise weitergewirkt, wie in der evolutionären Erkenntnistheorie.[55] Sehr wahrscheinlich wird es einmal zu den ganz großen philosophischen Büchern zählen, die das 20. Jahrhundert überdauern.

Vierter Teil: Die Kritik an Dewey

Horkheimers *Kritik der instrumentellen Vernunft*

Ludwig Marcuse schrieb in einer der wenigen Darstellungen, die es im Deutschen über Dewey gibt:

»Vielleicht ist kein anderer Amerikaner des zwanzigsten Jahrhunderts von soviel verschiedenen Positionen aus attackiert worden wie Dewey [...] – und nicht nur gelegentlich attackiert, sondern sehr oft als der Erzfeind: von philosophischen Idealisten, von Thomisten, von Neo-Protestanten, vom dialektischen Materialismus, auch vom Pragmatisten, der dann abgefallen war. [...] Wahrscheinlich würde man bei einer statistischen Erhebung finden, dass die meisten Anti-Dewey-Federn in Bewegung gesetzt worden sind, um den pragmatischen Begriff der Wahrheit zu treffen; man könnte [...] sagen: um die Identifizierung von Mensch und Unternehmer zu widerlegen.«[56]

Obwohl Marcuse gewiss darin recht hat, dass es sich hier im Grunde um eine einzige Kritik handelt, haben diese Angriffe doch deutlich zweierlei Formen. Der Angriff auf den pragmatistischen Wahrheitsbegriff, sei es in der differenzierten Form Schelers,[57] sei es in der seltsam voreingenommenen Form der peirceschen Kritik an Dewey,[58] wird dabei gewöhnlich sehr deutlich unterschieden von der Kritik an der Gleichsetzung von Theorie und Praxis oder der Idee vom Primat der Praxis, wie etwa bei Blanshard (s.o., S. 20 ff.). Ich werde mich im Folgenden auf ein Beispiel konzentrieren, auf die Auseinandersetzung Horkheimers mit Dewey.[59]

Eine Kritik an Horkheimer

Max Horkheimer hat in seiner *Kritik der instrumentellen Vernunft* scharf mit Deweys Instrumentalismus abgerechnet. Wollte man es sich einfach machen, so könnte man sagen, dass mit dem neuen Vorwort von 1967 auch die gesamte Kritik an Dewey hinfällig ist. Dort spricht Horkheimer nämlich deutlich aus, dass die Vernunft dadurch zu sich selbst kommt, dass sie sich als ein bloßes Instrument versteht, indem sie ihre eigene Absolutheit, Vernunft im emphatischen Sinne, negiert. »Die Selbstauflösung der Vernunft als geistiger Substanz« beruht auf innerer Notwendigkeit. Wenn dieser Prozess tatsächlich unaufhaltsam ist, auf innerer Notwendigkeit beruht, kann man dem Boten dieser Selbstauflösung wohl kaum einen Vorwurf machen. Betrachten wir aber die Auseinandersetzung, wie sie Horkheimer ursprünglich geführt hat. Er führt folgende Argumente ins Feld:[60]

(1) Kern des Pragmatismus sei die Meinung, dass eine Idee, ein Begriff oder eine Theorie nichts als ein Schema oder Plan zum Handeln ist und deshalb die Wahrheit nichts als der Erfolg der Idee. »Gäbe es nicht den Begründer der Schule, Charles S. Peirce, der uns mitgeteilt hat, dass er ›Philosophie aus Kant‹ [...] lernte, so könnte man versucht sein, einer Lehre jegliche philosophische Herkunft abzusprechen, die behauptet, dass unsere Erwartungen nicht deshalb erfüllt werden und unsere Handlungen nicht deshalb erfolgreich sind, weil unsere Ideen wahr sind, sondern dass unsere Ideen vielmehr wahr sind, weil unsere Erwartungen erfüllt werden und unsere Handlungen erfolgreich sind.«

Dieser Einwand beruht offensichtlich darauf, dass Horkheimer hier den Begriff von Wahrheit als Übereinstimmung mit den Tatsachen einfach voraussetzt und keinerlei Gedanken an seine Herkunft, an seine Funktion, an eine Überprüfung des Wahrheitsanspruchs, an seine Wirksamkeit verwendet.

(2) Der Pragmatismus habe seit seinen Anfängen die verbreitete Ersetzung der Logik der Wahrheit durch die der Wahrscheinlichkeit gerechtfertigt: »Der Unterschied zwischen der Bestätigung eines Urteils einerseits durch die Tatsachen, die es voraussagt, und andererseits durch die Schritte der Untersuchung, die es erfordern kann, geht im Begriff der Verifikation unter.«

Auch dieser Einwand setzt offenbar einfach voraus, dass Wahrheit eine Übereinstimmung zwischen einem Urteil und einer Tatsache ist, und zwar unabhängig davon, wie diese Übereinstimmung festgestellt werden kann. Wahrheit ist nicht an ihre Verifikation gebunden, sondern absolut.

(3) Deshalb sei »für diese Art Philosophie« Voraussage nicht nur das Wesen der Berechnung, sondern alles Denkens überhaupt. Aber in Wirklichkeit sei die gegenwärtige Bedeutung und die künftige Verifikation eines Satzes nicht dasselbe. Wie die Wissenschaft solle auch die Philosophie »keine kontemplative Schau des Daseins« (Dewey, *The Need for a Recovery of Philosophy*) sein. Damit spiegele der Pragmatismus eine Gesellschaft, die keine Zeit hat, sich zu erinnern und nachzudenken: Berechenbarkeit ersetze die Wahrheit.

Hier, wenn irgendwo, macht Horkheimer deutlich, worauf seine Kritik letztendlich zurückgeht: Er hält unbeirrt an einem Wahrheitsbegriff fest, der Wahrheit mit Kontemplation gleichsetzt.

(4) Die Theorie, nach der der Sinn eines Objektes die Bedeutung ist, die in unserer Vorstellung oder Definition enthalten sein sollte, sei Subjektivismus oder Idealismus, obwohl Dewey das Gegenteil beteuert. Denn wenn »wahre Urteile über Objekte und damit der Begriff des Objekts selbst einzig in ›Effekten‹ auf das Handeln des Subjekts bestehen, ist es schwer einzusehen, welche Bedeutung dem Begriff ›Objekt‹ noch zugeschrieben werden könnte«. Dem Pragmatismus zufolge sei Wahrheit nicht um ihrer selbst willen wünschenswert, sondern insofern, als sie am besten funktioniert, als sie uns zu etwas führt, das der Wahrheit fremd oder zumindest von ihr verschieden ist.

Warum Wahrheit um ihrer selbst willen wünschenswert sein soll, erklärt Horkheimer nicht; er setzt offenbar eine ehrfurchtgebietende Tradition voraus, die eben dies als selbstverständlich erscheinen lässt. Welches diese Tradition ist – die der griechisch-christlichen Philosophie –, lässt er aber deutlich genug durchblicken.

(5) Der Pragmatismus hat zum Verruf der »stationären Kontemplation« – ein Ausdruck von James – beigetragen, in der das höchste Bestreben des Menschen einmal bestand. »Jede Idee von Wahrheit, selbst ein dialektisches Ganzes von Gedanken, wie es in einem lebendigen Geist zustande kommt, könnte insofern ›stationäre Kontemplation‹ genannt werden, als es um seiner selbst willen angestrebt wird, statt als ein ›Mittel für Konsequenz, Stabilität und fließenden Verkehr‹. Sowohl der Angriff auf die Kontemplation als auch das Lob des Handwerkers drücken den Triumph des Mittels über den Zweck aus.«

Unter allen Einwänden Horkheimers gegen Dewey ist dieser der vielleicht sprechendste. Horkheimers gesamte Kritik an Dewey – die Kritik an der Theorie als einem Handlungsplan und dem darauf aufbauenden Wahrheitsbegriff – beruht letztlich darauf, dass er Denken mit Kontemplation identifiziert. Alle auf den ersten Blick so vielfältig scheinenden Angriffspunkte bei Dewey reduzieren sich darauf, dass Horkheimer einerseits sieht, dass die »drastische Widerlegung« der traditionellen Trennung von Theorie und Praxis nicht mehr rückgängig zu machen ist, dass der objektive Vernunftbegriff Mythologie ist, dass der subjektive Vernunftbegriff unaufhaltsam ist, weil er im Wesen der Vernunft selbst begründet ist. Aber andererseits beharrt er auf den traditionellen Unterschieden zwischen einer »Wahrheit selbst« und dem »Guten an sich« einerseits und der »Wahrheit und dem Guten für uns« andererseits, dem Unterschied zwischen dem Denken im Laboratorium und dem philosophischen Denken. Dass Horkheimer, der seine theoretischen Bemühungen doch den »Marxschen Kategorien« verdankt[61], nicht ein einziges Mal zur Sprache bringt, dass die Trennung zwischen Theorie und Praxis, die in der griechischen Klassengesellschaft entstand, ihre unauslöschlichen Spuren auch in der traditionellen Philosophie hinterlassen hat, verweist auf ein erstaunlich restauratives Moment in seinem Denken. Der Angriff auf die Kontemplation wie auch das Lob des Handwerkers drücken für ihn den Triumph des Mittels über den Zweck aus. Aber genau diese Trennung von einem – guten – Ziel und einem – schlechten – Mittel wiederholt uralte Strukturen: Strukturen einer Herrschaft-Knechtschaft-Beziehung, in der der – gute – Herr die Ziele festlegt und der – schlechte – Knecht nur die Mittel zur Verwirklichung dieser Ziele bereitstellt.

(6) Die traditionelle Philosophie hielt an der Idee der objektiven Wahrheit unter dem Namen des Absoluten fest: Für eine solche Sphäre der Abgeschlossenheit und Unabhängigkeit, für eine Objektivität, die sich unseren Interessen nicht unterwarf, stand seit jeher der Begriff der Idee. Im Pragmatismus dagegen wird alles zum bloßen Gegenstand, zu einem Element in der Kette von Mitteln und Effekten. Aus dieser Regel folge, dass das Verhalten von Menschen über die Bedeutung von Begriffen entscheidet. »Der Sinn von Gott, Ursache, Zahl, Substanz oder Seele besteht, wie James versichert, in nichts als der Tendenz des gegebenen Begriffs, uns zum Handeln oder Denken zu veranlassen.«

Das Argument, das Horkheimer gegen diese Auffassung des Pragmatismus, die nicht nur James, sondern auch Peirce und Dewey hegen, ins Feld führt, ist sehr eigentümlich:

»Wenn die Welt eine Stufe erreichen sollte, auf der sie nicht nur aufhört, sich um solche metaphysischen Wesenheiten [wie Gott, Ursache, Zahl, Substanz oder Seele] zu kümmern, sondern auch um Morde, die hinter geschlossenen Grenzen oder einfach im Dunkeln verübt werden, dann müsste man daraus schließen, dass die Begriffe solcher Morde keine Bedeutung haben, dass sie keine ›bestimmten Ideen‹ oder Wahrheiten darstellen, da sie ›für keinen fühlbar etwas verändern‹. Wie sollte jemand merklich auf solche Begriffe reagieren, wenn er es für ausgemacht hält, dass seine Reaktion ihre einzige Bedeutung ist?«

In der Tat, wenn überhaupt kein Mensch etwas von diesen bestimmten Morden weiß, dann haben diese Morde eben keinerlei Bedeutung für irgendeinen Menschen. Aber der Begriff des Mordes ist etwas anderes als die Kenntnis von einem bestimmten Mord. Solange der Begriff des Mordes der eines heimtückischen Verbrechens ist, besteht die Bedeutung dieses Begriffs in der Reaktion des Abscheus und den Handlungen, ihn zu verfolgen.

Auch dieses Argument lässt sich eigentlich nur unter einer einzigen Prämisse verstehen: dass Wahrheit letztlich das Urteil eines allumfassenden, allwissenden und anschauenden, kurzum: absoluten Geistes sei. Nur für einen solchen Geist haben Morde, die »im Dunkeln« verübt werden, dieselbe Bedeutung wie die Begriffe, da in ihm Begriff und Anschauung ja zusammenfallen; für ihn bleibt Mord Mord, auch wenn kein Mensch etwas davon weiß.

(7) Horkheimer sieht in der Verfahrensweise der Pragmatisten – er greift hier zwar direkt Peirce an, meint aber Dewey mit –, die Bedeutung eines Begriffs von dem Ergebnis eines Experiments abhängig zu machen, einen Zirkel. Peirce hatte behauptet, dass »eine Konzeption, das heißt der rationale Sinn eines Wortes oder eines anderen Ausdrucks ausschließlich in seinem denkbaren Einfluss auf die Lebensführung liegt« und dass nichts, »was nicht aus einem Experiment resultieren könnte, irgendeinen direkten Einfluss auf das Verhalten haben kann, sofern man nur alle denkbaren experimentellen Phänomene genau bestimmen kann, die die Affirmation oder Leugnung eines Begriffs impliziert«. Dieses Verfahren liefere nach Peirce »eine vollständige Definition des Begriffs«, und es sei absolut nichts mehr in ihm.

Horkheimer sieht darin ein Paradox: Denn wenn das, was denkbar ist, durch das Experiment bestimmt wird, wie kann man dann überhaupt von denkbaren experimentellen Phänomenen reden, die mit der Affirmation oder Leugnung eines Begriffs impliziert sind? Worum es hier geht, lässt sich an einem Beispiel klarmachen: Die Behauptung, dass ein Gegenstand hart sei, ist eine Behauptung über die Folgen bestimmter Handlungen, die man mit ihm vornimmt, z.B. dass er einen anderen Gegenstand einzuritzen vermag, wenn man ihn damit in Berührung bringt. Aber was ist von einer solchen Behauptung zu halten, wenn die Möglichkeit eines Experiments ausgeschlossen ist, etwa weil der Gegenstand sichtlich unzugänglich ist, tief im Wasser verborgen oder dergleichen? Für Peirce läge die Bedeutung des Ausdrucks »hart« auch dann noch in einem möglichen Experiment. Horkheimer dagegen findet es paradox, so zu reden. Warum? Weil für ihn die Qualität, hart zu sein, dem Gegenstand entweder eignet oder nicht, unabhängig davon, ob und wie wir es feststellen können. Seinem Einwand liegt also wiederum der kontemplative Wahrheitsbegriff eines allwissenden, intellektuell anschauenden Verstandes zugrunde.

(8) Horkheimer zitiert Deweys Definition des Wissens, »dass Wissen wörtlich etwas ist, das wir tun; dass Analyse letztlich physikalisch und aktiv ist; dass Bedeutungen ihrer logischen Qualität nach Standpunkte, Attitüden und Methoden des Verhaltens gegenüber Tatsachen sind und dass tätiges Experimentieren für die Verifikation wesentlich ist«. Mit einem solchen Standpunkt sei Denken abgeschafft und ein Mechanismus an dessen Stelle gesetzt. Auch dieses Argument setzt als schon geklärt voraus, dass Denken etwas ist, das mit Handeln und Tun eben nichts zu tun hat: und damit wiederum den kontemplativen, letztlich auf den Leib-Seele-Dualismus zurückgehenden Erkenntnisbegriff.

(9) Horkheimer wirft den Pragmatisten vor, dass sie nur noch einen einzigen Erfahrungsbegriff kennen, den der modernen Experimentalphysik. Konnte man bei den bisher vor-

gebrachten Argumenten davon ausgehen, dass Horkheimer, im Unterschied zu den Pragmatisten, an einem Theoriebegriff festhält, der deutlich platonische Züge trägt, so muss man hier sagen, dass er zumindest Dewey ganz und gar missversteht. Es gehört zu den steten Themen Deweys, den monopolistischen Anspruch der kognitiven Erfahrung zu bekämpfen und die Erfahrung der Qualität gegen die Naturwissenschaften zu verteidigen, die sich ausschließlich an der Quantität orientieren.

(10) Der nächste Vorwurf, nach dem die Pragmatisten ein so optimistisches Erkenntnisideal vertreten, dass sie unfähig seien, das kulturelle Debakel etwa des Zweiten Weltkriegs oder des Nationalsozialismus zu begreifen, gründet sich auf die Ansicht, dass die Väter des Pragmatismus die Befriedigung des Subjekts zum Kriterium der Wahrheit gemacht hätten. »Für eine solche Lehre gibt es keine Möglichkeit, irgendeine Spezies von Glauben, an dem seine Anhänger sich erfreuen, zurückzuweisen oder auch nur zu kritisieren.« Deshalb seien die Pragmatisten unfähig, den Gedanken zu fassen, dass Wahrheit auch das Gegenteil von Befriedigung gewähren und völlig schockierend sein könne. Gegen diese Deutung der Befriedigung hat Dewey schon in der *Erneuerung der Philosophie* eingewandt:

»Wenn Wahrheit als Befriedigung bestimmt wurde, wurde diese Befriedigung allzu oft als lediglich gefühlsmäßig aufgefasst, als ein privater Trost, eine Befriedigung rein persönlicher Bedürfnisse. Aber die Befriedigung, um die es sich hier handelt, bedeutet *eine Befriedigung der Bedürfnisse und Bedingungen des Problems, aus dem sich die Idee, die Absicht und die Methode des Handelns ergibt.*[62] Sie schließt öffentliche und objektive Bedingungen ein. Sie kann nicht durch Launen oder persönliche Idiosynkrasien manipuliert werden. [...] Eine Auffassung von der Wahrheit, die sie zu einem bloßen Werkzeug privaten Ehrgeizes und der Selbstverherrlichung macht, ist so abstoßend, dass man sich wundern muss, dass Kritiker eine derartige Auffassung geistig gesunden Menschen zugeschrieben haben. Tatsächlich bedeutet Wahrheit als Nützlichkeit, dass die Idee oder Theorie genau den Beitrag zur Reorganisation in der Erfahrung leistet, den sie für sich beansprucht.«[63]

In der Tat identifiziert Dewey die Wahrheit eines Urteils mit dessen Zuverlässigkeit – einzig in diesem Sinne kann man von Befriedigung reden. Mit Recht bezeichnet Dewey diesen Einwand als ein oberflächliches Missverständnis.

(11) Horkheimer beharrt auf dem Unterschied zwischen dem Denken im Laboratorium und dem Denken der Philosophie. Zwar räumt er den Triumph des Experiments über die pure Spekulation aus Begriffen ein, wirft dem Pragmatismus aber vor, er frage »verächtlich, was solche Ausdrücke wie ›die Wahrheit selbst‹ oder das Gute, das Platon und seine objektivistischen Nachfolger undefiniert ließen, eigentlich bedeuten können«.

Ist die Frage nach der »Wahrheit selbst« oder dem Guten eigentlich keine philosophische Frage, muss das Denken denn davor kapitulieren? Oder ist nicht eine Philosophie, die vor der Wirklichkeit nicht kapitulieren will, geradezu gezwungen, sich darüber Rechenschaft abzulegen, was das Gute ist und wie man es erreichen kann?

(12) Die Reduktion der Vernunft auf ein Instrument beeinträchtige letzten Endes sogar deren instrumentellen Charakter. Denn eine Vernunft, die auf einen bloßen Apparat zum Registrieren von Fakten reduziert werde, verdumme allmählich.

In diesem Einwand sind Zustimmung und Ablehnung besonders schwer zu entwirren. Horkheimer konstatiert, dass Dewey den Klassencharakter der Trennung von reiner Vernunft und körperlicher Arbeit diagnostiziert habe. Er habe aber daraus die falsche Schlussfolgerung gezogen und geistige Arbeit als praktische Arbeit neu interpretiert und so die körperliche Arbeit erhöht und die Triebe rehabilitiert. Damit lasse er jede spekulative Fähigkeit der Vernunft als von der bestehenden Wissenschaft verschieden außer Acht. »In Wirklichkeit änderte die Emanzipation des Intellekts vom Triebleben nichts an der Tatsache, dass sein Reichtum und seine Kraft immer noch von seinem konkreten Inhalt abhängen.« Unter diesem konkreten Inhalt versteht Horkheimer den schon genannten objektiven Inhalt, die Ideen, das Gute, die Wahrheit selbst. Das Argument ist deshalb so erstaunlich, weil Horkheimer hier einerseits mit Dewey über den Klassencharakter dieser Trennung von körperlicher Arbeit und geistigen Inhalten übereinstimmt, er aber andererseits an diesen »objektiven Inhalten« festhalten will. Die Vernunft soll gerade »spekulativ«, »theoretisch« bleiben, um nicht genau das zu verlieren, was ihre Subjektivität ausmacht: Spontaneität, Produktivität, die Kraft, Inhalte neuer Art zu entdecken und geltend zu machen. Letzten Endes erscheint es ihm wichtiger, an dem traditionellen Begriff einer anschauenden, »kontemplativen« Vernunft festzuhalten, als mit Dewey den Weg einer allmählichen Reform zu beschreiten, die sich auf nichts weiter stützen kann als auf »die Wünsche der Menschen«.

Anhang

Anmerkungen

1 *Erfahrung, Erkenntnis und Wert*, S. 373.
2 Dewey, *Logik. Die Theorie der Forschung*, Kap. VII.
3 Zu Bergsons Einfluss auf Dewey s.u. S. 39 ff.
4 *Logik*, S. 8.
5 Vgl. dazu H. Gardner, *Dem Denken auf der Spur*, Stuttgart 1989, S. 26 ff.
6 Vgl. G. Keil/H. Schnädelbach (Hg.), *Naturalismus*, Frankfurt/M. 2000.
7 J. Dewey, *Erfahrung, Erkenntnis und Wert*, S. 21.
8 Zitiert nach K.J. Bruder, *Psychologie ohne Bewusstsein*, Frankfurt/M. 1982, S. 11 ff.
9 Vgl. J. Dewey/O. Handlin, *Reform des Erziehungsdenkens*, Weinheim 1963.
10 S. Hook, *John Dewey. An Intellectual Portrait*, Westport 1939, S. 22 ff.
11 Vgl. O. Breidbach, *Die Materialisierung des Ichs*, Frankfurt/M. 1997, S. 159 f.
12 Zum Beispiel in der *Grundlegung zur Metaphysik der Sitten*, S. 416.
13 *Die Suche nach Gewißheit*, S. 220.
14 Vgl. *Logik*, S. 158.
15 Ebd., S. 499.
16 Leider liegt *Art as Experience* in einer deutschen Übersetzung vor, die jeder Beschreibung spottet. Zwei Beispiele unter hunderten: »Betrachten wir z.B. das degenerierte Barock, das im südwestlichen Europa auf öffentlichen Plätzen anzutreffen ist. Es ist trivial bis zur Frivolität; als typisches Beispiel seien die Amorfiguren genannt, *die für Cherubime eine Maskerade anführen*« (sic!!; kursiv von mir) (S. 177). Wer bei diesem völlig sinnlosen Satz den Originaltext nachschlägt (S. 157), findet »with cupids masquerading for cherubs«: »mit Amoretten, die sich als Cherubim verkleiden«. Aus W. James' berühmtem Satz »ever not quite« (*Plur. Univ.* Kap. 8) (»immer noch nicht ganz« als Ausdruck des vergeblichen Strebens nach Vollkommenheit) wird »überhaupt immer, nicht nur nahezu« (S. 195). Diese Übersetzung ist so unzuverlässig, dass man unbedingt die englische Fassung benut-

zen sollte. Der Vorwurf der Unzuverlässigkeit muss auch an die deutsche Übersetzung von *German Philosophy and Politics* gerichtet werden. Wenn etwa der kantische Begriff »noumenal« mit »numinos« wiedergegeben wird (S. 88), darf man wohl an der Kompetenz des Übersetzers zweifeln.

17 *Consummation* ist ein Ausdruck, der manchmal einfach Ziel bedeutet (wie etwa im Hamletmonolog III.1 der Todesschlaf als *a consummation, devoutly to be wished* bezeichnet wird); dann ein technischer Ausdruck aus der Biologie, wo ein *consummatory act* die Endhandlung eines instinktiv gesteuerten Bewegungsablaufs benennt; gelegentlich verwendet Dewey ihn sogar als Übersetzung des aristotelischen Ausdrucks *entelecheia.* Friedrich Schiller kennt Konsummation noch als Fremdwort (*Briefe über die ästhetische Erziehung*, 15. Brief: »Schönheit als Konsummation seiner Menschheit«.)

18 *The Educational Situation* (1902), jetzt in: The Middle Works, Bd. 1, S. 257 ff.

19 Wiederveröffentlicht unter dem Titel: *Interest and Effort in Education* (1913), jetzt in: The Middle Works, Bd. 7, S. 151 ff.

20 a.a.O., S. 23.

21 J. Dewey, *Demokratie und Erziehung*, übers. von Erich Hylla, Braunschweig 1964, S. 426.

22 Ebd., Kap. 24, 2. Abschnitt.

23 A. Schopenhauer, *Die Welt als Wille und Vorstellung*, 2. Buch, § 27.

24 J. Dewey, *Die Erneuerung der Philosophie*, Hamburg 1989, S. 60 f.

25 Ebd., S. 65.

26 J. Dewey, *Demokratie und Erziehung*, S. 423.

27 Ebd., S. 427.

28 Vgl. J. Dewey, *Logik*, Kap. VI, S. 127 ff.

29 [*consummation*]

30 Vgl. G.H. Mead, Die einzelnen Phasen der Handlung, in: *Philosophie der Sozialität*, Frankfurt/M. 1969, S. 102 ff.

31 Ebd., S. 414.

32 Ebd., S. 25.

33 Ebd, S. 112. Man denke dabei an den Begriff der »reconstruction«, womit die Neuordnung der politischen Verhältnisse nach dem amerikanischen Bürgerkrieg bezeichnet wurde (»reconstruction acts« vom März 1867).

34 Ebd., S. 121.
35 Ebd., S. 178.
36 Ebd., S. 176.
37 Ebd., S. 178.
38 Ebd., S. 137.
39 Ebd., S. 441 f.
40 Ebd., S. 432.
41 Ebd., S. 433.
42 J. Dewey, *Erfahrung und Natur*, S. 25.
43 Ebd., S. 435.
44 Der Begriff, den Aristoteles hier verwendet, »telos« oder »entelecheia«, ist der Begriff, den Dewey mit »consummation« wiedergibt.
45 Vgl. J. Dewey, *Die Erneuerung der Philosophie*, S. 154, 99 ff.
46 Gorgias, 500a 6 ff.
47 Aristoteles, *Metaphysik*, 980b 29 ff.
48 J. Dewey, *Die Erneuerung der Philosophie*, S. 157.
49 J. Dewey, *Logik*, S. 565.
50 J. Dewey, *Die Erneuerung der Philosophie*, S. 199 f.
51 s.o., S. 67.
52 F. Nietzsche, *Werke in sechs Bänden*, hrsg. von K. Schlechta, Bd. IV, München 1966, S. 963.
53 J. Dewey, *Erfahrung und Natur*, S. 216.
54 K. Lorenz hat hier von »Fulguration« gesprochen (K. Lorenz, *Die Rückseite des Spiegels. Versuch einer Naturgeschichte des Erkennens*, München 1973, S. 47).
55 Vgl. E.M. Engels, *Erkenntnis als Anpassung? Eine Studie zur evolutionären Erkenntnistheorie*, Frankfurt/M. 1989.
56 L. Marcuse, *Amerikanisches Philosophieren*, Hamburg 1959, S. 140.
57 M. Scheler, *Erkenntnis und Arbeit*, Frankfurt/M. 1977, S. 48 ff.
58 Ch. S. Peirce, *Schriften II*, hrsg. von Karl-Otto Apel, Frankfurt/M. 1970, S. 534. Peirce hält eine »Naturgeschichte des Denkens« (vgl. Dewey, *Logik*, S. 38) für eine »Ausschweifung lockeren Denkens«, da Logik eine normative Disziplin sei. Aber kann man die *Geschichte* des logischen Denkens nicht auch als eine lange Geschichte des *Experimentierens* ansehen?
59 Vgl. dazu: H.-J. Dahms, *Positivismusstreit. Die Auseinandersetzung der Frankfurter Schule mit dem logischen Positivismus, dem amerikanischen*

Pragmatismus und dem kritischen Rationalismus, Frankfurt/M. 1994, S. 201 ff.

60 S. 48 ff. Im Folgenden werden der Einfachheit halber die Abschnitte durchnummeriert; es ist keineswegs klar, ob jeder Abschnitt tatsächlich ein eigenständiges Argument enthalten soll.

61 Ebd., S. 8.

62 Hervorh. des Autors.

63 J. Dewey, *Die Erneuerung der Philosophie*, S. 200 f.

Literatur

1. Werke von John Dewey

a) Gesamtausgabe

The Early Works (EW), (1882–1898), 5 Bde., hrsg. von Jo Ann Boydston, Carbondale/Edwardsville 1969 ff.

The Middle Works (MW), (1899–1924), 15 Bde., hrsg. von Jo Ann Boydston, Carbondale/Edwardsville 1976 ff.

The Later Works (LW), (1925–1952), 17 Bde., hrsg. von Jo Ann Boydston, Carbondale/Edwardsville 1981 ff.

b) Deutsche Übersetzungen:

Wie wir denken (= *How we think*, 1910), übers. von A. Burgeni, 1951.

Deutsche Philosophie und deutsche Politik (= *German Philosophy and Politics*, 1915/1942), übers. von H. Kogge, Berlin 2000.

Demokratie und Erziehung (= *Democracy and Education*, 1916), übers. von E. Hylla, Braunschweig 1964.

Die Erneuerung der Philosophie (= *Reconstruction in Philosophy*, 1920, 2. Aufl. 1950), übers. von M. Suhr, Hamburg 1989.

Die Öffentlichkeit und ihre Probleme (= *The Public and its Problems*, 1927), übers. von W.-D. Junghanns, Bodenheim 1996.

Die menschliche Natur, ihr Wesen und ihr Verhalten (= *Human Nature and Conduct*, 1922), übers. von P. Sakmann, Stuttgart/Berlin 1931.

Erfahrung und Natur (= *Experience and Nature*, 1925, 3. Aufl. 1929), übers. von M. Suhr, Frankfurt/M. 1995.

Die Suche nach Gewißheit (= *The Quest for Certainty*, 1929), übers. von M. Suhr, Frankfurt/M. 1998.

Philosophie und Zivilisation (= *Philosophy and Civilisation*, 1931), übers. von M. Suhr, Frankfurt/M. 2003.
Kunst als Erfahrung (= *Art as Experience*, 1934), übers. von Chr. Velten u.a., Frankfurt/M. 1980.
Ein allgemeiner Glaube (= *A Common Faith*, 1934), übers. von M. Suhr, in: *Erfahrung, Erkenntnis und Wert*, Frankfurt/M. 2004.
Mensch oder Masse (= *Freedom and Culture*, 1939), übers. von J.N. Lorenz, Wien 1956.
Logik. Die Theorie der Forschung (= *Logic. The Theory of Inquiry*, 1939), übers. von M. Suhr, Frankfurt/M. 2002.
Erfahrung, Erkenntnis und Wert. Gesammelte Aufsätze, hrsg. und übers. von M. Suhr, Frankfurt/M. 2004.

2. Literatur über John Dewey

a) Bibliographie

Boydston, J.A. (Hg.), *A Guide to the Works of John Dewey*, Carbondale/Edwardsville 1970.
Levine, Barbara (Hg.), *Works about Dewey 1886–1995*, Carbondale/Edwardsville 1996.
Thomas, M.F., *John Dewey. A Centennial Bibliography*, Chicago 1962.

b) Literatur über Dewey

Alexander, Thomas M., *The Horizons of Feeling: John Dewey's Theory of Art, Experience, and Nature*, Albany 1987.
Bernstein, R., *John Dewey*, New York 1966.
Ders., *Praxis und Handeln*, Frankfurt/M. 1975.
Boisvert, Raymond D., *Dewey's Metaphysics*, New York 1988.
Ders., *John Dewey. Rethinking our Time*, New York 1998.
Bullert, Gary, *The Politics of John Dewey*, Buffalo 1983.
Burke, Tom, *Dewey's New Logic. A Reply to Russell*, Chicago 1994.
Campbell, James, *Understanding John Dewey: Nature and Cooperative Intelligence*, Chicago/La Salle 1995.

Damico, Alfonso J., *Individuality and Community: The Social and Political Thought of John Dewey*, Gainesville/FL 1978.
Dykhuizen, G., *The Life and Mind of John Dewey*, London/Amsterdam 1973.
Engel, U., *Kritik der Erfahrung. Die Bedeutung der ästhetischen Erfahrung in der Philosophie John Deweys*, Würzburg 1992.
Götz, B., *John Deweys Philosophie der Erfahrung*, Diss., Tübingen 1969.
Gouinlock, James, *John Dewey's Philosophy of Value*, New York 1972.
Hickman, Larry, *John Dewey's Pragmatic Technology*, Bloomington 1990.
Ders. (Hg.), *Reading Dewey. Interpretations for a postmodern Generation*, Bloomington 1998.
Hook, S., *John Dewey. An Intellectual Portrait*, Westport 1939.
Joas, Hans, *Pragmatismus und Gesellschaftstheorie*, Frankfurt/M. 1992.
Ders., *Die Kreativität des Handelns*, Frankfurt/M. 1992.
Ders. (Hg.), *Philosophie der Demokratie*, Frankfurt/M. 2000.
Mainzer, K., »John Dewey. Instrumentalismus und Naturalismus in der technisch-wissenschaftlichen Lebenswelt«, in: *Grundprobleme der großen Philosophen. Philosophie der Neuzeit V*, Göttingen 1991.
Marcuse, L., *Amerikanisches Philosophieren. Pragmatisten, Polytheisten, Tragiker*, Reinbek 1959.
McDermott, J. (Hg.), *The Philosophy of John Dewey*, 2 Bde., 2. Aufl., Chicago 1981.
Rockefeller, S. C., *John Dewey: Religious Faith and Democratic Humanism*, New York 1991.
Rorty, R., *Der Spiegel der Natur. Eine Kritik der Philosophie*, Frankfurt/ M. 1981.
Ders., *Consequnces of Pragmatism. Essays 1972–1980*, Minneapolis 1982.
Schilpp, P. A. (Hg.), *The Philosophy of John Dewey*, 2. Aufl., Evanston/ Chicago 1951.
Sleeper, R.W., *The Necessity of Pragmatism. John Dewey's Conception of Philosophy*, New Haven/London 1986.
Stuhr, J.J., »Dewey's Reconstruction of Metaphysics«, in: *Transactions of the Charles S. Peirce Society*, 26 (1992), S. 161 ff.
Thayer, H.S., *The Logic of Pragmatism: An Examination of John Dewey's Logic*, New York 1952.
Tiles, J.E., *Dewey*, London/New York 1988.
Welchman, Jennifer, *Dewey's Ethical Thought*, Ithaca/London 1995.

Westbrook, Robert B., *John Dewey and American Democracy*, Ithaca/London 1991.

c) Allgemeine Literatur zum Pragmatismus

Cochran, Molly (Hg.), *The Cambridge Companion to John Dewey*, Cambridge 2010.
Diggins, John Patrick, *The Promise of Pragmatism*, Chicago 1991.
Margolis, Joseph, *Die Neuerfindung des Pragmatismus*, Weilerswist 2004.
Mounce, H.O., *The Two Pragmatisms: From Peirce to Rorty*, London/New York 1997.
Sandbothe, Mike, *Die Renaissance des Pragmatismus*, Weilerswist 2000.

Lebensdaten

1859	John Dewey wird am 20. Oktober in Burlington, Vermont, geboren.
1879	Unterrichtstätigkeit als Lehrer in Oil City und Vermont.
1882	Besuch der Johns Hopkins Universität.
1884	Promotion mit einer Arbeit über Kants Psychologie.
1884-1894	Dozent an den Universitäten von Michigan und Minnesota.
1886	Heirat mit Alice Chipman.
1894	Ruf an die Universität von Chicago.
1903	*Studies in Logical Theory*
1904	Beendigung des Schulexperiments (»Dewey Schule«).
1904-1930	Lehrstuhl für Philosophie an der Columbia University (New York City).
1908	*Ethics* (zus. mit J.H. Tuft).
1910	*How we think* *The Influence of Darwin on Philosophy and Other Essays in Contemporary Thought* *Logical Theory (1903).*
1916	*Democracy and Education* *Essays in Experimental Logic* (rev. Neuausgabe der *Studies in Logical Theory*) *(1903).*
1918	Vorlesungsreise nach Japan und China.
1920	*Reconstruction in Philosophy*
1922	*Human Nature and Conduct*
1924	Reise in die Türkei.
1925	*Experience and Nature*
1926	Reise nach Mexiko.
1927	Tod seiner Frau Alice. *The Public and its Problems*
1928	Reise in die Sowjetunion.
1929	*The Quest for Certainty*

1931	*Philosophy and Civilization*
1934	*Art as Experience*
	A Common Faith
1938	*Logic: The Theory of Inquiry*
1939	*Freedom and Culture*
	Theory of Valuation
1946	Zweite Heirat, Adoption zweier Kinder.
1949	*Knowing and the Known* (zus. mit A.F. Bentley)
1952	Tod in New York City am 2. Juni.

Martin Suhr, geb. 1940, Lehrbeauftragter an der Universität Bremen, seine Arbeitsgebiete sind Geschichte der Dialektik und Pragmatismus. Veröffentlichungen zu Platon, Sartre, div. Übersetzungen.